Gertrud Ennulat ▶ Wenn Kinder anders sind

Inhalt

Krise des mütterlichen Selbstbewusstseins 45

Sag mir, wo die Väter sind 75

Noch einmal Mutter werden? 93

Einstimmung

Als ich mein erstes Kind geboren hatte, wusste ich noch nicht, dass wir beide einen besonderen Lebensweg miteinander gehen mussten. Erst im Laufe seiner ersten Lebensjahre wurde sichtbar, dass seine Entwicklung anders verlief als bei anderen Kindern seines Alters. Wenn Gleichaltrige krabbelten, tat es das lange noch nicht. Wenn Gleichaltrige anfingen, erste Schritte zu gehen, rutschte es immer noch auf dem Boden und wirkte unsicher und gehemmt in seinen Bewegungsabläufen. Damals war ich eine junge Mutter und hatte keine Ahnung, was das bedeutete. Lange Zeit glaubte ich, die Schwierigkeiten meines Kindes seien eine Folge meiner mangelnden Fähigkeiten als Mutter, und ich fühlte mich schlecht, zweifelte an mir und gleichzeitig hatte ich mich doch so auf das Kind gefreut. Ohne es zu wollen, war ich Mutter eines auffälligen Kindes geworden, das extrem reizabhängig war, viel schrie und mein Leben sehr veränderte. Ich wurde konfrontiert mit Schwierigkeiten, auf die ich nicht vorbereitet war. Aber ich lernte auch neue Kräfte in mir kennen, die mir dabei halfen, das Kind als eine Herausforderung zu sehen. Dadurch mobilisierte es unbekannte Seiten in mir. Heute ist es längst erwachsen und hat seinen Platz in der Welt gefunden.

Die vielfältigen Erfahrungen mit meinem Kind haben mich offen für Mütter gemacht, denen es ähnlich geht, weil auch ihr Kind in seiner Entwicklung und in seinem Verhalten nicht den Normen des Üblichen entspricht. Viele Gespräche mit ihnen bestärkten mich in meinem Vorhaben, ein Buch über diese besondere Situation zu schreiben. Immer waren die betroffenen Mütter froh, endlich über sich und ihr Problemkind sprechen zu können. Manchmal endete ein solches Gespräch mit den Worten: *Das habe ich bisher noch niemandem gesagt!* Oft hatte ich den Eindruck, dieses Thema sei von einer Hülle des Schweigens umgeben.

Mit diesem Buch möchte ich Mütter begleiten, die sich der besonderen Aufgabe stellen müssen, ein Kind großzuziehen, das nicht in die üblichen Normen passt. Ich schreibe über meine Erfahrungen und über die der vielen Mütter, die mir ihre Sorgen, Ängste, Nöte und Freuden anvertraut haben. Immer wieder wurde mir in diesen Gesprächen bewusst, wie viel Mütter leisten müssen, wie oft sie Einzelkämpferinnen sind, wie sehr sie darauf angewiesen sind, von anderen zu hören, die auch ein Kind großziehen, das anders als die anderen ist. Jede Mutter braucht Lebensperspektiven für sich und ihr Kind, sucht Antwort auf die Frage, was einmal aus ihm werden wird. Mütter mit Problemkindern haben damit Mühe, weil sie sich schwer vorstellen können, dass aus diesem Kind ein lebenstüchtiger erwachsener Mensch werden wird. Deshalb werde ich in diesem Buch auch darüber berichten, was aus Kindern werden kann, die als schwierig und auffällig galten, wie sie sich weiterentwickeln, ihren Platz in der Gesellschaft finden. Solche Ausblicke sind nötig, um sich in die Zukunft zu wagen.

Wer mit einem Problemkind durchs Leben geht, fängt an, sich und die Welt mit anderen Augen zu sehen. Keine Mutter verschweigt, wie mühsam dieser Prozess an manchen Tagen ist, und jede betont, wie sehr sie selbst als Frau durch die Erfahrungen mit dem Kind geformt wurde und auf diesem Weg ihre ganz individuelle Ausprägung gefunden hat. Zu diesen Frauen zähle ich mich. Mit diesem Buch habe ich mir die vielfältigen Auseinandersetzungen mit meiner eigenen Rolle als Mutter einer ehemals verhaltensauffälligen Tochter von der Seele geschrieben. Dieses Buch möchte Erfahrungen von Müttern öffentlich machen, die bisher in unserer Gesellschaft keine Beachtung fanden.

Die Bezeichnungen »schwierig«, »problematisch«, »auffällig« benutze ich für die zunehmende Vielfalt von Kindern, die nicht in den Rahmen des Üblichen passen. Das sind Kinder

- mit körperlichen Auffälligkeiten seit der Geburt, nach einem Unfall, einer Krankheit
- mit Sprachstörungen
- mit einer hyperaktiven Motorik
- mit verminderter Aufmerksamkeitsleistung
- mit Teilleistungsschwächen
- mit Entwicklungsverzögerungen
- so genannte Indigo-Kinder
- mit Lese-/Rechtschreibschwäche
- mit Tics und Zwängen wie beim Tourettesymptom
- mit Wahrnehmungsschwächen
- mit Störungen im sozialen Bereich u.a.

Ich bin mir bewusst, wie fragwürdig Einteilungen und sprachliche Festlegungen sind. Immer wenn ich an solche Grenzen gestoßen bin, hätte ich am liebsten auf jegliche Kennzeichnung verzichtet, denn jedes Kind verkörpert doch etwas Einzigartiges und will in seiner Besonderheit anerkannt werden und nicht mit einem Etikett »schwierig« versehen werden. Gleichzeitig drückt sich in diesem Dilemma die Situation der Mutter mit einem auffälligen Kind aus. Und damit bin ich schon mitten im Thema.

Erste Ahnungen

Mütterbegegnung

Im Treppenhaus eines Dreifamilienhauses sitzt eine junge Frau ganz in sich zusammengekauert. Sie weint laut und verzweifelt. Eine Nachbarin nähert sich ihr, ist noch etwas unsicher, ob sie nicht besser umkehren soll. Doch sie bewegt sich weiter, setzt sich zu der schluchzenden Frau auf die Treppe. Diese scheint ihre Gegenwart zu spüren, das Weinen verliert an Heftigkeit; und am Ende sagt sie mit tränennassem Gesicht: »Ach, Sie sind es.« Die Nachbarin nickt, sie ist gekommen, um zu fragen, ob morgen ihre kleine Tochter zum Spielen kommen darf.

Etwas unsicher und beschämt fühlt sich die Besucherin, findet nur schwer Worte, hat Mühe, mit der Situation zurechtzukommen. Aber sie muss gar nicht reden, das stille Sitzen tut der anderen gut. Langsam schüttelt die ihren Kopf und meint: »Nie habe ich gedacht, dass das so schlimm ist mit diesem Kind. Das schafft mich total!« Ein neuer Tränenstrom folgt. Die Nachbarin stimmt zu und meint: »Ja, ich habe mir das Kindergroßziehen auch ganz anders vorgestellt.« Die weinende Frau putzt sich nun die Nase, ist erstaunt über diese Aussage. Im Nu kommt ein reges Gespräch in Gang. Zwei Mütter reden miteinander über die Tücken und die Mühsal des Lebens mit Kindern.

Dabei geht es in erster Linie um die Illusionen, die sie sich gemacht haben, um die trügerischen Idealbilder, die sie beide während der Schwangerschaft in ihrem Herzen trugen. Neun Monate lang pflegten sie den Traum vom paradiesischen Mutterglück, den immer während Wonnen mit dem Kind auf dem Arm. Sie reden und reden, reden sich den Mutterfrust von der Seele, reden sich in Wut über die Werbung in den Medien mit den verlogenen Bildern des alltäglichen Mutterdaseins. Beide fühlen sich als Opfer, weil sie sich locken ließen, von makellosen Kindern zu träumen. Aber nun reden sie sich frei vom schlechten Gewissen der Mutter, die in ihrer Wäsche den Weichspüler vergessen hat. Auf einmal werden sie ganz ernst, denn sie wundern sich, weil sie noch nie mit jemandem darüber gesprochen hatten, wie schwer das Geschäft mit den Kindern sein kann, kraftraubend, und gleichzeitig wird alles Tun als selbstverständlich angesehen. Wer will schon wissen, wie es Müttern geht? Die beiden Frauen auf der Treppe legen einander die Hand auf die Schulter und lachen herzhaft über diese Geste der Solidarisierung.

Doch als nach wenigen Minuten der Sohn der Frau aus dem dritten Stock die Treppe hochstürmt, ist der Ärger wieder da. Leibhaftig stampft er als vierjähriger Junge die Stiegen hoch, brüllt laut, streckt seine Arme aus und wirft seiner Mutter zwei Hände voller kleiner Steinchen ins Gesicht. Erschrocken packt sie ihren Sohn am Anorak, zieht ihn zu sich heran und nimmt ihn in den Schwitzkasten. Sie hat große Mühe, seinen aggressiven Tritten auszuweichen, wartet aber geduldig, bis sich das Kind allmählich beruhigt. Erst als sie zu zweit die Steinchen zusammenlesen, begreift der Junge, was er angerichtet hat, scheint ihm zu dämmern, was er falsch gemacht hat. Mit Feuereifer hilft er beim Saubermachen, ist auf einmal ein ganz liebes Kind. Aber seiner Mutter ist er nicht mehr ganz geheuer ab diesem Tag, denn er hat sich zum ersten Mal im Beisein einer Besucherin so miserabel benommen, dass sie vor Scham am liebsten in den Boden versunken wäre.

Als die Nachbarin am nächsten Tag ihr kleines Mädchen vorbeibringt, wirkt die Mutter des Jungen verändert, sehr förmlich und um Freundlichkeit bemüht. Vom mütterlichen Schulterschluss auf der Treppe ist nichts mehr zu spüren. Offensichtlich war durch diesen Vorfall eine Grenze überschritten; denn heute tut sie alles, um die Situation unter Kontrolle zu halten. Nie wieder möchte sie in einer so peinlichen Verfassung gesehen werden. Als am Abend das Mädchen wieder abgeholt wird, fragt sie, ob das immer so sei, dass dieses Kind so wenig rede. Nun ist die andere Mutter an der Reihe, betreten auf ihr Kind zu blicken, nimmt es an der Hand und geht schnell mit ihm die Treppe hinunter. Was ist nur in die gefahren?, denkt sie und will in den nächsten Tagen auf Distanz gehen.

Was ist eigentlich geschehen zwischen den beiden Müttern? Auf den ersten Blick sind es Alltäglichkeiten, doch beim genaueren Hinsehen wird deutlich, es geht um mehr: Eine Mutter wird mit den Schwächen ihres Sohnes im Beisein einer anderen konfrontiert. Sie erlebt dies als eine Kränkung, schämt sich, weil die andere etwas gesehen hat, was sie eigentlich nicht sehen sollte. Auf einmal ist die Schutzhülle des üblichen Verhaltens im Alltag durchbrochen. Die bloßgestellte Mutter hält sich für eine Versagerin, weil sich ihr Sohn daneben benommen hat. Immer fällt sie mit diesem Kerl aus der Reihe! Der einmalige Akt der Solidarisierung der beiden Mütter steht im Gegensatz zu dem Bemühen, sich nun abzugrenzen. Etwas scheint aus dem Gleichgewicht gekommen zu sein, das eine neue Balance sucht. Diese stellt sich ein, indem die Mutter, die gestern so geweint hatte, sich wieder in ein besseres Licht rückt. Ihre Revanche heißt: Wenn du mich in einer beschämenden Situation erlebt hast, dann glaub nur nicht, dass du eine bessere Mutter bist als ich, schließlich ist dein Kind in seiner Sprachentwicklung mehr als auffällig. Im Pingpongspiel des Alltags ist das Tor zum Unentschieden gefallen.

Für einen außenstehenden Betrachter ist das schwer zu verstehen. Wenn beide Mütter ein auffälliges Kind haben, wäre es da nicht angebracht, wenn sie sich darüber sachlich austauschen würden? Aber das kann gar nicht geschehen, weil in jeder Mutter eine Angstsaite klingt, die spielt eine gefürchtete Melodie: Mein Kind ist nicht o.k. Mit meinem Kind stimmt etwas nicht!

Während der nächsten Zeit halten die beiden Mütter Distanz zueinander. Das Erlebnis des offenen Gesprächs gerät in Vergessenheit, dafür klingen die Worte: »Redet Ihr Kind eigentlich immer so verwaschen und wenig?« umso deutlicher nach. Wenn die Angstsaite berührt ist, kreisen die Gedanken unablässig um das Kind. Vielleicht wagt sich dabei eine leise Stimme ins Bewusstsein, die sagt: »Ja, es stimmt, eigentlich spricht mein Kind für sein Alter sehr wenig. Das ist mir schon lange aufgefallen!« Aber es fällt schwer, einer solchen Stimme Raum zu geben. Oft wird sie schnell wieder ins Untergeschoss der Angst gedrängt. Dort bleibt sie bis zum nächsten Mal.

Was heißt entwicklungsverzögert?

Ich fahre mein Kind spazieren. Freundliche Blicke grüßen Mutter und Kind. Läuft es schon? Nein, sage ich kopfschüttelnd. Es läuft nicht. Es will einfach nicht laufen, auch wenn alle Blicke begierig darauf warten. Ich fange an, die fragenden Blicke zu meiden, sie tun mir weh. Ich mache einen Bogen um die Häuser, schiebe den Kinderwagen hinaus aus dem Dorf ins Feld. Allein mit meinem Kind setze ich mich ins Gras, pflücke Gänseblümchen, mache einen kleinen Kranz daraus, lege ihn dem Kind aufs blonde Haar. Vergessen sind die Fragenden. Vergessen ist das Rechnen und Vergleichen. Ich und mein Kind, niemand dringt ein. Das Kind krabbelt durchs Gras, freut sich, und ich atme auf, spüre die Wärme der Sonne, schaue über die Wiese ins Weite. Alle Sorge scheint abzufallen. Momente des Glücks, weil das Kind sich genügt, ich ihm genüge und mich im Einklang fühle mit dem Atem der Luft. Wir beide schaffen uns ein gemeinsames grünes Plätzchen, wo das Kind seinen Rhythmus leben darf, für kurze Augenblicke sich blütenhaft öffnet. Hier auf der Wiese darf es so sein, wie es ist.

Die Ärzte und Heilpädagogen sagen »Entwicklungsverzögerung«, holen ihre Messlatten, legen das Kind und mich an die Kette ihrer Kriterienkataloge. Das Kind wird zum Objekt der Beobachtung, ich werde Objekt der Beobachtung und Bewertung. Ich verliere meinen guten Boden unter den Füßen, werde selbst zum entwicklungsgehemmten Wesen, das sein Ziel nicht erreicht, weit entfernt von passenden Rastern und Normen in die Knie geht, es nie schafft, in die Zielgerade einzubiegen, weil mein Kind nicht aus den Startlöchern kommt.

Entwicklungsverzögerung, das ist wie eine Knospe, die sich nicht öffnen kann. Sie bleibt einfach zu, auch wenn bei den anderen die natürliche Zeit zum Blühen gekommen ist. Sie folgt einem anderen Zeitrhythmus. Es ist nicht der übliche. Entwicklungsverzögerung – das Kind läuft nicht, wenn andere Gleichaltrige laufen. Es spricht nicht, obwohl alle darauf warten. Es rutscht weiterhin auf dem Boden und will sich nicht aufrichten.

Entwicklungsverzögerung – ein Kind fügt sich nicht in die Norm der Zeit, hinkt hinterher, bewegt sich unsicher, hat Mühe, Beine und Hände zu koordinieren. Schon wieder eine blaue Beule auf der kleinen Stirn. Beim Fallen kann das Kind sich nicht schnell genug mit den Händen abstützen, knallt auf den harten Asphalt. Vorbei ist die Unbeschwertheit der Wiese. Ich tröste es und trage das weinende Kind auf dem Arm, bin froh, wenn wir wieder in unserer Wohnung sind.

Entwicklungsverzögerung – mein Kind fällt aus der Reihe, reißt mich mit im freien Fall. Mein Herz tut weh. Wem soll ich es zeigen? Entwicklungsverzögerung! Das kommt noch! Wenn sie tausend Wochen alt ist, ist alles vergessen! Sie ist halt ein Spätzünder! Gut gemeinter, alberner Trost. Aber das Wort vom Spätzünder wird zum Sesam-öffne-Dich meiner heimlichen Mutterfantasien. Spätzünder, vielleicht wird doch noch alles gut? Begierig suche ich die Familiengeschichte nach Spätzündern ab, frage im Freundeskreis nach. Doch Spätzünder mit geglückter nachgeholter Entwicklung scheinen so selten wie Albinos. Und ich spüre, wie schwer es mir fällt, mit Freunden über meine Sorgen mit dem Kind zu reden. Zu schnell fallen die Trostworte, wehren tröstend ab, was so schwer zu begleiten ist, schaffen Gräben. Schweigend schone ich mich und meine Freunde. Wer geht schon mit hinein in diese Hoffnungslosigkeit? Wer ist an dieser Verlassenheit interessiert?

Die Liebe zum Kind geht eine untrennbare Verbindung ein mit dem Schmerz, der mitten ins Herz schneidet. Er legt sich um die Beine, fesselt sie an den Boden, weil nichts weitergeht, das Kind sich nicht weiterentwickelt, zu den vier Worten, die es spricht, nicht das fünfte sagen will. Zäh, mühevoll und schwer wird jeder Schritt. Pech klebt an mir und dem Kind. Schwarzes Pech. Ja, mit diesem Kind hat die Mutter Pech! Da kann man nichts machen, das ist Pech. Kindspech, Familienpech. Dunkles Geschick, schwarze Heimsuchung. Prüfung? Strafe?

Ich kann mich nicht von meinem Kind entfernen. Wir halten zusammen wie Pech und Schwefel. Symbiotisch verschmolzen löffeln wir den Brei. Die Guten ins Töpfchen, die schlechten bleiben für uns!

Langsam träufelt ein dunkler Geist sein Gift in mein mütterliches Fühlen, macht mich müde, verzagt. Ich hadere mit mir, habe ich doch das Kind geboren. Ein Kind, das nicht zum Staat-Machen ist. Ein Kind, das stolpert und hinfällt, die Sprache verweigert, sprunghaft durch seine Tage lebt. Längst hat sich die Freude verkrochen. Alles Spiel wird zur mühevollen Anstrengung. Pechmarie dreht die Memorykarten um, wieder und wieder, würfelt sich ins Aus. Wo soll das noch hinführen?

Abwehr

In den folgenden Tagen übt sich die Mutter mit dem auffälligen Kind darin, Optimismus auszustrahlen. Sie macht sich stark und wehrt jeden Gedanken an mögliche Schwierigkeiten ab. Was beunruhigte, steht nun optimistisch verpackt auf dem Regal im Kinderzimmer. Mein Kind spricht zu wenig? Na und! In der Familie meines Mannes haben alle spät zu sprechen angefangen. Wochen vergehen. Im Auf und Ab des Alltags gibt es Momente, in denen der Satz der Nachbarin wieder zu hören ist. Die Mutter spürt nun, was diese Worte mit ihr machen, sie fühlt sich beengt und denkt: Soll die doch zuerst vor ihrer eigenen Tür kehren!

Eine solche Strategie der Abwehr dient der Aufrechterhaltung des seelischen Gleichgewichtes. Die Mutter schützt sich durch diesen Widerstand so lange, bis er irgendwann zusammenbrechen kann. Es ist wichtig, diesen natürlichen Tatbestand zu beachten und Mütter in diesem Prozess nicht vorschnell zu verurteilen. Geduld und Verständnis von anderer Seite sind bei diesem schweren Weg der Erkenntnis wünschenswerte Begleiter. Aber bis es so weit ist, brauchen diese Mütter Fantasien, in denen sie sich ausmalen, mit ihrem Kind kommt doch noch alles in Ordnung. Sie sehnen sich nach einem Kind, das so ist wie die anderen. Im Umgang mit anderen Müttern versuchen sie sich zu stabilisieren und lernen gleichzeitig in deren Blicken zu lesen, ahnen vielleicht, was auf sie zukommt und können sich dann ganz plötzlich aus einer sich sporadisch auf dem Spielplatz treffenden Gruppe zurückziehen.

Vier Mütter, die sich in einer kleinen Gruppe zusammengefunden haben, sprechen über ihre Erfahrungen. Jede von ihnen hat ein so genannt auffälliges Kind. Jede von ihnen hatte unter der Isolation gelitten, hatte sich auf die Suche nach Abhilfe begeben. Alle sind sie froh über die Möglichkeit, sich austauschen zu können. Obwohl sich ihre Kinder stark voneinander unterscheiden, zeigen ihre Erfahrungen doch viele Übereinstimmungen, schließlich fallen diese Kinder mit ihren jeweiligen Beeinträchtigungen aus dem Rahmen ihrer bisherigen Erfahrungen.

Marianne: Bei mir kam alles anders als es hätte sein sollen. Ich wurde von den Ereignissen überrollt, als mein Kind bereits im siebten Monat zur Welt kam. Ich war einfach nicht darauf vorbereitet und erlebte eine wahre Horrorzeit. Ich hatte nur noch Angst, als der Arzt sagte, die Wehen seien nicht zu stoppen. Als Max dann auf die Welt kam, blieb mir gar keine Zeit, mich über ihn zu freuen. Er kam gleich in die Kinderklinik, weil sein Zustand sehr kritisch war. Ich war so traurig, weil ich ihn nicht halten durfte, und hatte mir doch vorgestellt, wie ich ihn seinem Vater geben wollte. Aber all das geschah nicht. Max blieb viele Wochen in der Klinik. Zwar war ich jeden Tag bei ihm, aber irgendwie hatte ich einen Knacks, weil mein Kind nicht o.k. war. Ich hatte nur einen Wunsch: Lasst mich allein mit meinem Kind. Und jetzt fängt die Mühle der Arztbesuche wieder an, weil Max so häufig hinfällt, so schnell aus der Balance ist. Am liebsten würde ich mich verkriechen.

Gabi: Im Grunde genommen dürfen wir Mütter uns das alles gar nicht so klar vor Augen stellen, was da mit uns geschieht, wenn unser Kind seinen besonderen Entwicklungsweg hat. Wenn ich meiner Tochter dabei geholfen habe, rote und blaue Bausteine zu unterscheiden, und sie das nur mit meiner Hilfe schaffte, dann war mir schon klar, das ist irgendwie nicht in Ordnung. Aber gleichzeitig hatte ich auch das Bedürfnis, mir zu sagen, das ist nicht so schlimm, und wollte lieber auf das schauen, was sie gut kann. Damals fing mein Leben im Spagat an. So nenne ich diese Haltung: sehen, was meinem Kind fehlt, und das gleichzeitig als die normalste Sache der Welt zu nehmen. Ganz schön anstrengend ist das. Manchmal hat es mich fast zerrissen, beide Sichtweisen auf mein Kind miteinander zu vereinbaren. Jetzt, wo sie in der Förderschule ist, geht es einfacher. Die Gespräche mit den Lehrerinnen entlasten mich. Aber der Schritt in die Beratungsstelle, der hat bei mir sehr lange gedauert. Meine Mutter hat einfach nicht locker gelassen, gedrängt und geschoben.

Anita: Alle in meinem Freundeskreis sagten immer wieder: Das wird schon. Aber wenn ich mit meinem Kind allein war, mit ihm sprach und den Eindruck hatte, der hört mir nicht zu, der schaut mich nicht einmal an, dann war mir schon klar, da stimmt etwas nicht. Eine Zeit lang habe ich ja mir die Schuld zugeschoben und gemeint, das sei bei meinem Mann besser. Bis ich merkte, da ist es auch so, aber der findet sich damit ab. Dafür klagt er darüber, dass ihn der Hannes immer antatscht, ihm auf die Pelle rückt und so distanzlos ist. Am Anfang in dieser schweren Zeit, wenn noch nicht klar ist, was dem Kind fehlt, und alle um den Brei herumreden, da sind wir Mütter total allein gelassen mit unseren Gefühlen, Beobachtungen und Ängsten. Mein Gott, wie lange habe ich gebraucht, bis ich akzeptiert hatte, dass mein Sohn nicht in einen Normalkindergarten kommt, weil er einfach noch nicht das Sozialverhalten der anderen Kinder hat. Irgendwann konnte ich dann vor Ratlosigkeit nicht mehr schlafen und hab mit dem Kinderarzt geredet. Der machte dann den Vorschlag mit dem Zentrum für Frühförderung. Danach ging es mir besser. Aber seid doch ehrlich, wir Mütter fallen mit unseren Kindern auch aus dem Rahmen des Üblichen. Und wenn ich das sage, dann spüre ich auch wieder diesen furchtbaren Schmerz in mir. Das tut heute noch so weh wie am Anfang, obwohl der Hannes sich überraschend gut weiterentwickelt und Fortschritte macht.

Anna: Wann habe ich gemerkt, dass mit Tina etwas nicht in Ordnung war? Ich habe es gar nicht gemerkt. Tina war ein Wonneproppen von Anfang an, kugelrund und knuddelig, dass sie sehr langsam war, das hielt ich für normal. Und wenn die Ärztin von den ungleichen Hautfalten an den dicken Schenkeln sprach, dann hörte ich irgendwie nicht richtig hin. Irgendwie wollte ich nicht hören und es brauchte lange, bis ich verstand, was es damit auf sich hat, wenn die Reflexe nicht stimmen. Ich hatte einfach auch Angst und spürte, da kommt was auf uns zu. Die Ärztin schickte mich dann zum Neurologen. Da konnte ich nicht mehr ausweichen. Die Ärzte waren am Drücker.

Mein Kind verweigert sich

Mein Kind liegt auf dem Teppichboden, steckt die beiden mittleren Finger der rechten Hand in den Mund, fängt an, begierig und genüsslich daran zu lutschen. Speichel tropft aus den Mundwinkeln. Es dreht seinen Kopf von links nach rechts, als ob es etwas suche, schlägt seine Beine auf den Boden, immer wieder, immer wieder.

Ich schaue auf mein Kind, habe keine Kraft mehr, das Kind zu mir zu holen, habe keine Kraft mehr, mich auf den Boden zu setzen, mich ihm zu nähern, um es zurückzuholen. Laut poltern seine Füße auf den Boden, trommeln im schnellen Stakkato, erfüllen den Raum, wirken so sinnlos und leer, machen mutlos. Ich und mein Kind. Weit hat es sich von mir entfernt, ausgebreitet auf dem Boden scheint es meilenweit weg, schwimmt auf einer kleinen Insel im Irgendwo, hat alle Brücken abgebrochen, ist in sich hineingekrochen, kommt nicht mehr heraus.

Mein Kind verweigert sich, sendet keine Signale mehr aus. Auf sich zurückgefallen, hat es mich vergessen. Ich spüre es nicht mehr. Aber ich sehe das veränderte Gesicht. Den Mund haben die Finger verschlossen; sie werden zu Schnullern, die allzeit verfügbar sind, das Kind abriegeln auf seiner Insel.

Allein gelassen fühle ich mich. Wenn ich mein Kind nicht mehr spüre, weil es sich mir verweigert, fühle ich Wut in mir hochsteigen, mit Trauer und Leere vermischt, wie ein Schrei, der ins Freie will, aber den Weg dorthin nicht findet und deshalb hinuntergeschluckt wird. Verlassen, allein mit hängenden Schultern und kraftlosen Händen, den Blick nach unten gewandt, krampft sich mein Herz. Tränen steigen auf, doch sie bleiben ungeweint. Mein Kind hat mich verlassen. Schmerz umschließt meine Seele, drückt mich in die Knie. Langsam rutsche ich auf dem Teppich zu meinem Kind, ziehe seine nassen Finger aus seinem Mund, halte die Schläge der trommelnden Füße aus, wende mich dem Kind zu, hole es wieder ins Zimmer zurück, fühle mich erschöpft, weil der Widerstand des Kindes so wehtut. Ich richte mich auf, richte das Kind auf, ziehe es an der rechten Hand hoch, kämpfe gegen die linke, deren Finger schon wieder den Platz zwischen den Lippen einnehmen wollen, gehe mit dem Kind zum Regal, nehme ein Bilderbuch, setze mich auf den Stuhl, nehme das Kind auf den Schoß, blättere die ersten Seiten auf. Endlos dehnt sich der Tag, fesselt mich und das Kind aneinander in einem wortlosen Weh.

Wenn die Macht der Wut sich groß genug aufgebaut hat, sucht sie einen Ausweg, entlädt sich in lauten Worten, die doch nichts bewirken. Erschöpft höre ich das Echo meiner Worte. Was soll's? Resigniert zucken meine Schultern, verdüstert sich mein Blick. Was ist das Leben noch wert mit einem solchen Kind?

Kind, ich finde mich nicht in dir. Findest du dich in mir? Zwischen uns stehen unsichtbare Zäune, durch deren Löcher unsere Botschaften hindurchschlüpfen. Nie kommen sie vollständig an. Nie werden sie vollständig bestätigt. So bleiben sie löchrig, bruchstückhaft, verzerren sich, weil sie durch die Öffnungen des Maschendrahtes passen müssen. Wer hat die Hindernisse errichtet? Ein böser Geist? Ein böses Schicksal? Meine mütterlichen Kräfte dürfen nicht fließen, wie sie gemeint und beabsichtigt sind. So vieles verläuft im Sand, trocknet aus. Mutterkraft will hegen und pflegen, nähren und Wachstumsprozesse unterstützen, für gutes Gedeihen sorgen. Doch sie machen das Kind nicht anders, als es ist, und tun sich schwer, weil die Hindernisse nicht einzureißen sind. Mutlos fallen meine Hände in den Schoß. Sie dürfen das nicht ausrichten, wonach sie sich sehnen, wozu sie geschaffen sind: eine Entsprechung herstellen zwischen mir und dem Kind. Auch ich brauche das Lächeln des Kindes, will den Glanz in seinem Auge erkennen, mich in ihm spiegeln und wiederfinden!

Das Kind auf dem Schoß verliert die Lust am Bilderbuch, saugt sich fest an seinen Fingern, rutscht auf den Boden, rennt durchs Zimmer, den Oberkörper weit vorgebeugt, stolpert über seine Füße, fällt hin, weint vor Schmerz. Langsam wächst eine dicke Beule auf der Stirn, schwillt an. Ein nasses Tuch, ein weinendes Kind, die Finger trösten über den Schmerz. Das Kind beruhigt sich, läuft im Zimmer umher, greift nach diesem und jenem. Nichts bleibt lange in seinen Händen. Wie auf der Flucht eilt es von Spielzeug zu Spielzeug, verliert die Lust und findet keinen Halt. Ich helfe, schaffe kleine Zeitinseln des Verweilens, schaue auf die Uhr, deren Zeiger sich nicht zu bewegen scheinen. Die Zeit will nicht weitergehen, verharrt, klebt, Nachmittag für Nachmittag. Kind, warum bist du nicht wie andere? Draußen auf der Straße rennen sie herum, schreien und balgen sich, toben, Große und Kleine.

Ich stehe am Fenster, das Kind auf dem Arm. Sehnsüchtig schauen wir beide in die Welt nach draußen. Der Blick tut weh, weil er wahrnimmt: Es gibt die Kinder draußen, die alles tun, was Kinder tun, mühelos, fast automatisch, natürlich, selbstverständlich, ohne Hilfe, ganz allein. Das Kind saugt an seinen Fingern, wendet den Blick nicht von der Straße, verfolgt den hüpfenden Ball.

Selbstverständliche Kinderfreuden wie Ballspielen und Fangen werden zu mühsamen Lernprogrammen. Das Kind kann noch nicht fangen, will Ball spielen, wird wütend über den Ball, der nicht in seine Hände will, verliert die Lust am Spiel. Und ich weiß, ich muss mit dem Kind am Ball bleiben. Ausdauertraining, schmeichelnde Worte locken das Kind erneut in das Spiel. Bange Mutteraugen verfolgen den Ball, dosieren die Stärke seines Fluges. Das Kind soll es leicht haben, der Ball sanft in seinen Händen landen. Was das Kind nicht kann, will ich ausgleichen. Ausdauertraining für mich und das Kind. Beobachtungs- und Wahrnehmungstraining für mich. Ich passe mich an, reagiere immer bereits im Vorfeld, denke, fühle und atme mit dem Kind, getrieben von dem Bestreben, seine Mängelerfahrungen auf ein Minimum zu reduzieren. Dabei sehne ich mich nach einem fröhlichen, aktiven und neugierigen Kind, das fähig ist, Herausforderungen anzunehmen, das die Welt erobern möchte. Doch mein Kind weicht zurück, emigriert frustriert von seinem eigenen Tun.

Ich sehe das Ungenügen, leide am Scheitern des Kindes und werde mir selbst ungenügend. Wer genügt diesem Kind?

Grenzüberschreitung

Ich brauche Hilfe

Nüchtern und ungeschönt lese ich, wie ich als Mutter den Alltag mit meinem entwicklungsretardierten Kind erlebt habe. Im Zentrum stehen die Schwierigkeiten der ganz alltäglichen Interaktion, die große Mühe, die aufgewendet werden muss, um immer wieder in Kontakt zu kommen mit meinem Kind. Tagaus, tagein spüre ich die Unstimmigkeiten, die mir zeigen, dass ich die Bedürfnisse des Kindes nicht so adäquat beantworten kann, wie ich es eigentlich möchte. Nie stellt sich das Grundgefühl, bei meinem Kind ganz anzukommen, nachhaltig ein. Mütter, die noch andere Kinder haben, können vergleichen und feststellen, was bei diesem Kind anders verläuft, und kommen schneller zu dem Entschluss, sich an eine Beratungsstelle zu wenden.

Doch für alle die Mütter, deren erstes Kind sich anders als erhofft verhält, beginnt meist ein schmerzhafter Erkenntnisweg, an dessen Ende die Einsicht steht: Ich brauche Hilfe. Oft dauert es viele Wochen, bevor die Mutter sich traut, aus der Privatheit und Intimität nach außen zu gehen, um sich einer Freundin, der eigenen Mutter oder einer anderen Person anzuvertrauen. Stets ist das ein wichtiger Schritt, denn die Sorge wird dann mit anderen geteilt. Und als Mutter mache ich erste Schritte aus dem familiären Rahmen hinaus, um mich kundig zu machen, was mit meinem Kind ist.

Bei all diesen Aktivitäten überschreite ich als Mutter Grenzen, habe Angst vor dem, was ich tue, und muss es gleichzeitig tun. Deutlich spüre ich Scham, denn nun wird ja nach außen offenkundig, dass ich eine mangelhafte Mutter bin, weil es mir nicht gelingt, mit meinem Kind richtig umzugehen. Spätestens nach dem ersten Telefonat mit der Beratungsstelle wird mir klar, wie ich mich mit meinen Fähigkeiten als Mutter in Frage stelle, weil ich den Rat der Fachleute benötige, da ich mit meinem schwierigen Kind nicht allein weiterkomme. Und ich wünsche mir doch nichts sehnlicher, als dass ich eine so gute Mutter sein könnte, damit dieses alles nicht notwendig wäre.

Nicht wenige Mütter bleiben lange im Sumpf ihrer Minderwertigkeitsgefühle stecken. Zwar nehmen sie sich immer wieder vor, den Termin zu vereinbaren, aber nichts geschieht. Außenstehende können dann schnell ungeduldig werden, verurteilen die Trägheit der Mutter und vergessen dabei, wie groß deren Angst und Scham ist, wie schwer es ihr fällt, diese zu überwinden, um dann von berufener Seite bestätigt zu bekommen, dass mit dem Kind nicht alles o.k. ist.

Mütter von auffälligen Kindern sind immer wieder gezwungen, sich lernbereit zu zeigen, ob sie wollen oder nicht. Alle Wachstumsschritte, die ihnen abverlangt werden, tun sie im Interesse ihres Kindes. Dieses Lernen am Kind geht weit über den Rahmen des üblichen mütterlichen Verhaltens hinaus. Da die Zukunft des besonderen Kindes von niemandem vorausgesagt werden kann, müssen diese Mütter ihr Potenzial an Mut, Zuversicht und Hoffnung immer wieder lebendig halten. Zeiten der

Erschöpfung dürfen eigentlich nicht sein. So lauert stets auch die Gefahr der Überforderung, um eine Supermutter sein zu können, die sich um des Kindes willen total verausgabt.

Rückblickend habe ich den Eindruck, dass ich mich in einer Art Wachschlaf befunden hatte, dabei irgendwie ahnte, es stimmt etwas nicht, aber nicht fähig war, die Augen zu öffnen und die Realität zu sehen. Ein wichtiger Impulsgeber war meine Schwester, die als Sprachheillehrerin mich auf die Auffälligkeiten meines Kindes hinwies und erste Kontakte zu einer Beratungsstelle ermöglichte.

Die Mutter, die sich bei der Beratungsstelle anmeldet, ahnt die Veränderung. Mit bangem Herzen geht sie den Weg mit ihrem Kind, fühlt sich ungeschützt und allein. Gleichzeitig wird sie aber auch von einer Kraft getrieben und eine innere Stimme sagt: Was du tust, das ist richtig.

Was hilft?

▸ Von anderen Rat suchenden Müttern zu hören, die eine Beratungsstelle aufgesucht hatten, ist sicher die beste Hilfe, denn die erfahrene Solidarität wirkt stabilisierend. Überhaupt hat das Sprechenkönnen über sich und das besondere Kind mit einem anderen Menschen eine wichtige Funktion. Sich einen Gesprächspartner suchen gehört zu den Dingen, die sich Mütter mit schwierigen Kindern antrainieren sollten.

▸ Sobald die Adressen und Telefonnummern der entsprechenden Einrichtungen auf dem Tisch liegen, ist der Weg schon halb gegangen. Wenn Sie mehrere Adressen zur Auswahl haben, scheuen Sie sich nicht, bei allen um einen Termin zu bitten, und achten Sie dabei auf Ihr Empfinden. Gehen Sie dahin, wo es sich gut anfühlt. Auf diese Weise behalten Sie einen Handlungsspielraum, der sehr wichtig ist, um das Gefühl der Schwäche, Minderwertigkeit und Scham einzudämmen.

Die Stunde der Wahrheit

Spätestens wenn das Kind so alt ist, dass es im Kindergarten oder in der Schule angemeldet wird, muss ich als Mutter eine Schwelle überschreiten. Bei diesen Ereignissen wird bewusst, mein Kind gehört mir nicht allein, ich habe kein uneingeschränktes Verfügungsrecht über seinen Werdegang. Auf einmal bin ich konfrontiert mit der Macht des Staates, der seine Verantwortung wahrnimmt. Viele Mütter bestätigen, dass sie sich im Geheimen vor diesem Moment gefürchtet haben. Ihre Gedanken umkreisten immer wieder diesen Tag X. An manchen Tagen spürten sie ihr Herz klopfen, wenn sie an den Briefkasten gingen. Sie ahnten, was da auf sie zukommt.

Was bei Familien mit normal entwickelten Kindern fast automatisch abläuft, ist bei entwicklungsgehemmten Kindern ganz anders. Jetzt ist der Zeitpunkt gekommen, an dem Außenstehende das Kind wahrnehmen, mit prüfendem Blick sein Verhalten beobachten und am Ende aussprechen, was ich als Mutter im Verborgenen vielleicht geahnt habe, wovor ich mich aber ängstige.

Eine Mutter erzählt, ihr hyperaktiver Sohn habe einen ausgesprochen schlechten Tag bei der Anmeldung im Kindergarten gehabt. Er rennt aus dem Raum, in dem sie mit der Erzieherin sitzt, nachdem er dort ein Chaos angerichtet hat. Alle Spielsachen sind aus den Regalen gerissen, auf Ermahnungen seiner Mutter reagiert er nicht, die Erzieherin ist Luft für ihn. Er scheint nur ein Bestreben zu haben, raus hier! Auf dem Gang fängt er an, die Mäntel und Anoraks von den Haken zu zerren. Das ist die Stunde der Wahrheit für seine Mutter, die den Offenbarungseid ihres erzieherischen Bemühens leistet. Auf einmal fallen ihr die Scheuklappen von den Augen. Sie weint vor Enttäuschung über ihr Kind, hat eine Wut und spürt gleichzeitig eine gewisse Erleichterung und Gelöstheit in sich. Jetzt ist es raus! Glasklar und ungeschönt zeigt sich die Not und Orientierungslosigkeit ihres Kindes. Als sie später mit ihrem Mann immer wieder über dieses Ereignis sprechen muss, wundert sie sich, dass ausgerechnet in dieser so demütigenden und schwierigen Stunde sie auf einmal eine große Kraft in sich spürte. Die Erzieherin konnte zum Glück ihre Tränen und ihr zeitweiliges Schweigen aushalten, und die Mutter hörte eine leise Stimme in sich sagen: Du wirst alles tun, damit dein Kind Hilfe bekommt. Ja, sie hatte das sichere Gefühl, es geht weiter, sie kann es leisten, was von ihr gefordert wird.

Einige Zeit später geht sie mit ihrem Kind ins Zentrum für Frühförderung und lernt bei aller Trauer und allem Schmerz, die sie immer wieder überfallen, auch die neue Kraft in sich näher kennen. Es ist Neugierde! Die treibt sie nun an herauszufinden, was mit ihrem Sohn ist. Sie möchte ihn besser kennen lernen, um seine Schwierigkeiten zu verstehen. Vielleicht wird sich dadurch das Gefühl der Angst in ihr verändern. Wie sehr leidet sie an den schlimmen Tagen unter dem Unvermögen des Kindes, sich zu zügeln, hat den Eindruck, das sei kein Kind mehr, sondern ein kleines Monster. Auf einmal gibt es wieder eine Perspektive. Als Mutter und Sohn die Treppe von der Beratungsstelle hinuntergehen, nimmt sie seine Hand, drückt sie fest und meint: Du, wir beide, wir schaffen das!

In der Müttergruppe kreisen die Gespräche häufig um solche Stunden der Wahrheit. Anna meint: »Es mag übertrieben klingen, aber in diesen Momenten hatte ich den Eindruck, das Leben spricht zu mir. Gerade jetzt, wo mein Kind nackt dastand, seine Fähigkeiten und seine vielen Schwächen benannt wurden, da wurde mir klar, dass mein Leben mit ihm eine neue Richtung bekommt. Da wurde eine Weiche gestellt. Und immer, wenn ich daran denke, habe ich den Eindruck, das kam ganz tief aus mir, dass ich dazu Ja sagen konnte.«

In diesen bangen und schmerzhaften Erkenntnisprozessen, an deren Ende klar ist, wir brauchen Hilfe, sind solche Erfahrungen ganz wichtig, denn sie tragen dazu bei, dass sich die Mutter in ihrer Identität bestätigt fühlt. Für kurze Momente sind alle Sorgen vergessen, tritt der Alltagsstress in den Hintergrund. Auf diese Weise kann ein großer Freiraum entstehen, der es der Mutter ermöglicht, ihr schwieriges Kind ganz anzunehmen. Solche Erfahrungen sind kostbar. Sie kommen immer wieder und schaffen auf diese Weise die Übereinstimmung, nach der sich die Mutter mit ihrem auffälligen Kind sehnt, weil sie im Alltag so oft darauf verzichten muss. Wenn diese Stimmigkeit fühlbar wird, dann versorgt sie die Mutter mit neuer Energie. Die Akkus von Hoffnung und Zuversicht werden neu geladen. Das Ja zum Kind setzt ungeahnte Kraft frei.

Für Mütter, deren Kinder mit körperlichen Auffälligkeiten geboren werden, schlägt die Stunde der Wahrheit früher. Während der Schwangerschaft finden vielfältige Veränderungsprozesse in der zukünftigen Mutter statt, die sie und das Kind in die Lage versetzen, das gemeinsame Leben außerhalb des Bauches miteinander aufzunehmen. In diesen Monaten beschäftigt sich die Fantasie der Mutter immer wieder mit dem Baby, sie webt gleichsam einen bunten Teppich aus Erwartungen und guten Gedanken, macht sich Bilder vom Aussehen und Wesen des Kindes. Mutter und Baby fangen an, das Band ihrer Bindung zu festigen. In diesem imaginierten Feld findet die Interaktion zwischen Mutter und ungeborenem Kind statt. Auf diese Weise entsteht Vertrautheit und Sicherheit in der Beziehung zueinander. Sobald das Kind geboren ist, geht es darum, das innere Bild des imaginierten Kindes mit dem Neugeborenen in Übereinstimmung zu bringen. Wenn es zum ersten Mal an der Brust liegt, fängt für die Mutter das befriedigende Gefühl an, ein sicherer Ort für ihr Kind zu sein, ihm Nahrung, Schutz und Liebe geben zu können.

Was aber ist, wenn die Mutter ein Kind zur Welt bringt, das noch nicht über die Voraussetzung verfügt, sich Nahrung einverleiben zu können? Constanzes zweites Kind wurde mit einer Anomalie am Kiefer geboren. Das führte sie in eine tiefe Krise. Neun Monate lang ging es ihr gut, sie freute sich auf das Kind, hatte ein animalisches Gefallen an ihrem stetig dicker werdenden Bauch. Deutlicher als beim ersten Mal war ihr bewusst, wie das Baby in ihren inneren Bildern und Träumen Gestalt bekam, wie diese Imaginationen aber auch weniger wurden in der Zeit vor der Geburt.

Und dann war es so weit. Sie wachte aus der Narkose auf und hatte das dunkle Gefühl, es stimmt etwas nicht, denn das Kind lag nicht auf ihrem Bauch. Die Hebamme stand von ihr abgewendet, und auf einmal schoss ihr der Gedanke durch den Kopf, mit dem Baby ist etwas nicht in Ordnung. In großer Erregung bittet sie den Arzt, ihr das Kind zu geben. Endlich wird es ihr gebracht. Als sie sein Gesicht sieht, über seinen Mund zärtlich streicht, beginnt sie zu weinen. Der Arzt klärt sie darüber auf, dass ihre Tochter eine angeborene Anomalie habe, der Gaumen und der Kiefer seien gespalten, das Kind müsse operiert werden, weil es nicht saugen kann. Diese Informationen bewirken in der Mutter einen Schock. Sie hat das Kind geboren und darf es nicht halten. Der Moment, den sie viele Male in der Fantasie vor sich gesehen hatte, wurde nicht Wirklichkeit. Sie hat eine kleine

Tochter und darf nicht für sie sorgen. Wie gelähmt scheint alles in ihr zu sein. Neun Monate hatte sich ihr Inneres umgestaltet, sich auf das Kind eingestellt, und nun darf diese Kraft nicht weiter strömen. Mit dem Schnitt durch die Nabelschnur scheint das Band zu ihrem Kind mit durchgeschnitten zu sein. Eine große Leere erfüllt sie, in der sich Ängste einnisten. Mein Gott, wie furchtbar, denkt sie.

Wenn Mutter und Neugeborenes so abrupt getrennt werden, bedeutet es für beide einen großen Schmerz, denn sie werden ja daran gehindert, ihr natürliches Verhaltensprogramm außerhalb des Mutterleibes weiterzuentwickeln. Viele Jahre später, als die Tochter nach Sprachheilschule und Realschule als Erzieherin arbeitet, nur ihre leicht nasal wirkende Sprechweise an den Geburtsfehler erinnert, bekennt Constanze, wie sie immer wieder von quälenden Gedanken an dieses Ereignis heimgesucht wird: »Ich weiß, die Ärzte haben geholfen, aber ich lag allein und verlassen auf der Wöchnerinnenstation. Alle anderen Mütter hatten ihre Kinder bei sich, nur ich fiel aus dem Rahmen. Es ist diese Ohnmacht, die mir so zugesetzt hat, als Mutter meinem Kind nicht helfen zu können; erst viel später habe ich erkannt, wie sehr dadurch das Verhältnis zu meiner Tochter beeinträchtigt wurde. Wie lange habe ich mich gequält mit diesen schrecklichen Gedanken, als Mutter versagt zu haben. Immer, wenn mit diesem Kind etwas nicht stimmte, war ich in Frage gestellt. Mir ist einfach der Mutterboden bei der Geburt weggerissen worden. Mühsam habe ich ihn wieder aufbauen müssen.«

Draußen vor der Tür

Als mein Kind so alt ist, dass es mindestens einige Worte sprechen sollte, es nicht mehr zu vertuschen ist, dass dem Kind etwas mangelt, wird es zum ersten Mal getestet. Ich muss mit meinem Mann draußen auf dem Gang bleiben. Das Kind wird von einem Sonderpädagogen begutachtet. Zum ersten Mal erlebe ich, wie ich von meinem Kind getrennt werde, weil es einem fremden Menschen zeigen muss, was es kann. Ich blättere mich durch Illustrierte, spüre meine Anspannung, den erhöhten Puls, fühle mich aufgeregt wie in der Phase des Schlussexamens, werde geprüft und darf nicht antworten, werde geprüft und die Antwort gibt das Kind, aber es muss sie geben in einer Laborsituation, umgeben von fremden Menschen. Mutter und Kind sind weit voneinander getrennt. Das Band der Zusammengehörigkeit scheint zerschnitten, die Unsicherheit dem Kind gegenüber vergrößert sich. Es wird zum Testobjekt, scheint auf verlorenem Posten zu stehen, noch ehe es gezeigt hat, wie es sich in einem fremden Raum zurechtfindet.

Ich lerne: Mit diesem Kind sind keine Lorbeeren zu ernten. Dieses Kind wird nie auf dem Siegertreppchen stehen. Sein Leistungsvermögen wird gemessen und verglichen. Es entwickelt sich aber doch, protestiert die Mutter in mir. Aber immer fehlt etwas, um mit den anderen gleichzuziehen.

Als Mutter auf dem Gang bin ich draußen vor der Tür. Ich weiß, mein Kind würde ein besseres Testergebnis erreichen, wenn ich dabei sein dürfte. Aber aus Gründen der Objektivität geht das nicht. Das fällt schwer, mich so verloren und verlassen zu fühlen. Manchmal ergibt sich ein Gespräch mit einer anderen Mutter in ähnlicher Situation. Für eine kurze Dauer flammt Solidarität auf, doch die andere Frau kommt von weit her. Man wird sich nicht wieder sehen.

Am Ende kommt mein Kind aus dem Zimmer, hat eine kleine Belohnung bekommen, wird gelobt, und ich habe Mühe, wieder eine Brücke zu meinem Kind zu finden. Mit bangen Augen schaue ich nach dem Tester im weißen Kittel, will im Vorfeld ablesen, wie das Kind abgeschnitten hat, setze mich an einen Tisch, höre die freundlichen Worte, die beschreiben, was mein Kind gemacht hat, wie es sich verhalten hat, welche Fähigkeiten und Fertigkeiten seinem Alter entsprechen, wo es seinem Geburtsschein hinterherhinkt, wo es weit hinterherhinkt, wo es dem Durchschnitt entspricht, wo es weitab vom Üblichen rangiert, was es überhaupt nicht kann. Stumm geworden, ahne ich, was das Ergebnis für mich bedeutet: Üben, mit dem Kind üben, was ihm so schwer fällt. Nicht mogeln, sondern immer wieder an die gemeinsame Schmerzgrenze gehen, immer wieder auf den Ruck warten, den es doch endlich einmal geben muss, den es bei diesem Kind aber auf eine Weise gibt, welche ich erst verstehen lernen muss.

Und ich fahre fort, mein Kind zu erkunden. Eigentlich sieht es aus wie andere Kinder auch. Niemand sieht ihm an, was ihm fehlt. Erst in seinem Tun enthüllen sich seine Schwächen. Und ich lerne, ich muss seine Schwächen sich äußern lassen, darf sie nicht vertuschen, aber auch nicht darüber hinweg"lieben, muss manche eingeschliffene Hilfestellung aufgeben, auch wenn es mir wehtut, mein Kind dann so mangelhaft zu sehen. Wieder stecke ich im Kampf zwischen mütterlichem und heilpädagogischem Bemühen, brauche Jahre, um beides miteinander zu versöhnen, den nüchternen und den beschönigenden Blick. Erst mit den Jahren verliert sich das Gefühl der Kränkung, weil ich andere, fremde Menschen brauche, um mein Kind zu verstehen.

Als Mutter fühle ich mich als Versagerin. Mein natürliches, mütterliches Instinktverhalten scheint weniger wert als der Rat der Sachverständigen in der Person der Krankengymnastin, der Heilpädagogin, der Psychologin, des Kinderarztes, der Sonderschullehrerin. Mit diesem Kind komme ich nie aufs Treppchen der guten Mutter, denn Kränkung und Verletzung haben die Oberhand. Dieses Kind ist mein Untergang, dieses Kind bringt mich ins Grab, denke ich an dunklen Tagen. Am besten wäre es, aus dem gemeinsamen Käfig zu flüchten – es ist doch zum Davonlaufen! Doch Scham und Schuld verschließen diese Kammer meines Herzens. An manchen Tagen möchte ich sterben, spüre keine Kraft mehr, bin leer und wie tot.

Die Mutter auf dem Prüfstand

Jede Mutter hat den Wunsch, durch die Beziehung zu ihrem Kind einen guten Boden entstehen zu lassen, auf dem es wachsen und sich entfalten kann. Bei schwierigen Kindern mit Entwicklungsverzögerungen oder anderen Beeinträchtigungen schiebt sie sich schnell den schwarzen Peter zu. Sie meint, ein schlechter Mutterboden zu sein, weil ihre Anstrengungen nicht ausreichen, um die Probleme des Kindes aus der Welt zu schaffen. Deshalb sind die Tage, an denen Arztbesuche oder besondere Testuntersuchungen stattfinden, sehr belastende Tage, die eine Menge emotionalen Stress mit sich bringen.

Als mein Kind getestet wurde, weil es nur wenig sprechen konnte, war ich nicht vorbereitet auf diese neue Situation. Damals wusste ich noch nichts vom Allmachtsgebaren testender Männer und Frauen im Bereich der Pädagogik und Psychologie. Als junge und unerfahrene Mutter nahm ich ihre Worte für bare Münze, hatte keine Kraft, sie zu hinterfragen, ließ mich von ihrem Gewicht überfahren. Das Ergebnis wurde untermauert durch die damals herrschende pädagogische Ideologie, nichts könne mehr eingeholt werden, was nicht in den ersten Lebensjahren gelernt wurde. Mein Kind wurde eingestuft, bewertet, gemessen. Seine Schwächen nahmen einen viel größeren Raum ein als das, was es konnte. Das machte mich traurig und hilflos. Gleichzeitig fühlte ich mich mit bewertet und eigentlich hätte ich schreien und protestieren sollen. Wenn ich mich heute an diese Demütigung erinnere, frage ich mich, wieso ich dem testenden Pädagogen so ungeschützt ins Messer lief. Der merkte nicht einmal, dass für Mutter und Kind der Boden wankte, und kam sich hilfreich und wichtig vor mit seinen Beobachtungsprotokollen. Wieso war ich wie gelähmt? War es die Autorität des weißen Kittels? Nein, es war der Mensch, der darin steckte und nur an seinen Tabellen und Testprogrammen interessiert war. Gegen jegliche emotionale Äußerung der Mutter hatte er sich von vornherein immunisiert und benutzte ihre Angst dazu, dass sie widerspruchslos seine Empfehlungen und Prognosen hinnahm.

Zum Glück gibt es Mütter, die sich in ähnlicher Situation anders verhalten können, weil eine Wut in ihnen hochkocht und sie lebendig hält, sodass sie nicht von den Sätzen des Fachmannes überwältigt werden. Eine dieser couragierten Mütter war mit allen ihren Kindern zum Untersuchungstermin erschienen. Für das Problemkind bildeten die Geschwister einen wichtigen Schutz, der aber den Arzt nicht daran hinderte, sein Urteil über die Schwachstellen des Kindes zu fällen. Wutentbrannt und empört packte die Mutter ihr als bildungsschwach eingestuftes Kind, knallte dem Arzt ein »Das werden wir mal sehen!« ins Gesicht, schlug die Tür hinter sich zu und rauschte mit ihrer Kinderschar über den langen Flur.

Diese Mutter bildet den Gegenpol zu meiner damals passiven und ohnmächtigen Haltung. Sie konnte ihre mütterliche Identität dadurch stabil halten, dass sie ihre älteren Kinder mitgebracht hatte und die ganze Palette ihres Mutterseins auf der Bühne des Untersuchungszimmers präsentierte. Ihr Selbstwertgefühl hatte eine breite Basis und war nicht auf das retardierte Kind beschränkt.

Die Bandbreite mütterlicher Erfahrungen mit Menschen in Beratungseinrichtungen ist groß. Vielleicht müssen die dort verletzten und gedemütigten Mütter noch viel stärker den Mut finden, sich darüber zu äußern. Nur auf diese Weise lernen die Fachleute, wie ihre Sätze wirken, was sie in der Mutter auslösen.

Auf der einen Seite wird sie gebraucht als Mitarbeiterin, aber die Sprache, in der mit ihr darüber gesprochen wird, kommt oft vom hohen Ross.

Erst beim zweiten Anlauf hatte ich das Glück, auf eine Beraterin zu stoßen, die mein Problemkind auf eine Art und Weise wahrnahm, dass ich mich nicht verletzt abwenden musste. Sie war eine warmherzige Frau, die an zwei aufeinander folgenden Tagen mit meinem Kind für eine längere Zeitdauer zusammen war, um sich ohne meine Gegenwart einen Eindruck seiner Besonderheiten machen zu können. Was ich im Abschlussgespräch hörte, überraschte mich nicht, aber neu war für mich, wie detailliert und konkret mir die Interaktion zwischen mir und meinem Kind erläutert wurde, worauf ich achten sollte, was sich eingeschliffen hatte, was erstrebenswert war. Alle Ratschläge betrafen den alltäglichen Umgang mit dem Kind, denn dort war das Übungsfeld, in dem sich seine Konzentrationsschwierigkeiten bessern sollten, seine verminderte Wahrnehmungsfähigkeit erweitern sollte.

Wie ein trockener Schwamm das Wasser, so nahm ich auf, was ich hörte. Ich fühlte eine große Erleichterung und Entlastung, denn endlich konnte ich etwas dazu beitragen, um einen häuslichen Rahmen zu schaffen, der diesem allen Reizen ausgelieferten Kind Schutz bot. Die Worte dieser Frau fielen auf einen guten Boden, auch wenn die praktische Umsetzung mich immer wieder an Grenzen führte. Aber eines hatte ich kapiert, mein Kind ganz nahe an mich heranzunehmen, es innerhalb eines kleinen Rahmens sich bewegen zu lassen. Manchmal spürte ich den Wunsch, dieses Kind noch einmal in meine Gebärmutter hineinzunehmen, um nachreifen zu lassen, was ihm die Natur versagt hatte. Gleichzeitig wurde mir bewusst, wie sehr mich dieses Kind doch veränderte, wie ich immer wieder gezwungen war, von mir abzusehen. Manchmal hatte ich den Eindruck, es steht immer eins zu null für das Kind, die Mutter kommt nie zum Ausgleich dessen, was sie an Verzicht leisten muss.

Was hilft?

▶ Wenn Sie als Mutter mit Ihrem Kind in die beschriebene Testsituation hineinmüssen, ist es hilfreich, sich am Tag zuvor Ruhe zu gönnen, um zu überlegen, was ich von den Ärzten oder Therapeuten wissen will. Wer Fragen formuliert und im Vorfeld aufschreibt, was ihn ängstigt, handelt probeweise in Gedanken. Haben Sie am nächsten Tag keine Scheu, Ihre Notizen aus der Tasche zu ziehen, die Antworten des Arztes oder Psychologen stichwortartig festzuhalten. Damit geben Sie sich einen Schutz, um von Affekten nicht überwältigt zu werden. Gleichzeitig hat diese Haltung auch Auswirkungen auf die Wortwahl ihres Gegenübers.

▶ Scheuen Sie sich nicht davor, Gefühle der Unsicherheit und Angst auszudrücken. Sie stehen zum ersten Mal in dieser Prüfsituation mit Ihrem Kind. Für den Arzt ist es eine tägliche Routine. Muten Sie sich ihm zu in Ihrer Aufregung und Sorge.

▶ Wenn es um die Erstellung eines Lern- oder Trainingsprogramms für zu Hause geht, konkrete Anweisungen für die Umsetzung im Alltag gegeben werden, sind viele Mütter oft einfach k.o. und nicken nur noch gehorsam mit dem Kopf. Wagen Sie zu sagen, was Ihnen zu schwierig erscheint, was zu viel ist. Wichtig ist es, sich nicht aus dem Auge zu verlieren. Bei allen Müttern besteht die große Gefahr, dass sie ungefiltert zustimmen, auch wenn ihnen der Arzt eine Riesenaufgabe aufhalst. Diese bewusste Haltung lässt sich lernen, seien Sie deshalb nicht entmutigt, wenn es nicht gleich von Anfang an klappt.

▶ In einigen Wochen werden Sie wiederkommen müssen. Erneut steht das Kind mit seiner Entwicklung auf dem Prüfstand. Ganz schnell kann es dann vorwurfsvoll heißen, Sie hätten zu wenig geübt. Wenn Sie nun Ihre Notizen vom letzten Mal aus der Tasche ziehen, dann können Sie dem Tester erläutern, wo seine Erwartungen an Sie und das Kind überhöht waren. Nur auf diese Weise kann ein Lernprogramm entstehen, bei dem Sie nicht überfordert werden.

▶ Manche Mütter nehmen zu wichtigen Untersuchungen und Besprechungen eine Person ihres Vertrauens mit. Das wird meist als große Hilfe und Entlastung erfahren. Oft ist die Mutter in solchen Situationen sehr aufgewühlt und in ihrer Fähigkeit, alle Gesprächsinhalte aufnehmen zu können, beeinträchtigt. Eine neutrale Begleitperson kann distanzierter zuhören und ihre Gegenwart wirkt stabilisierend für die Mutter.

Krise des mütterlichen Selbstbewusstseins

Der große Mangel

Durch alle Gespräche, die ich mit Müttern von auffälligen Kindern geführt hatte, verläuft ein roter Faden, der auf die große Krise ihres Selbstverständnisses hinweist. Auf einmal haben sich unüberwindbare Hindernisse in ihrem Leben aufgebaut. Nichts geht mehr vorwärts. Der Fluss ihres Lebens scheint zum Stillstand gekommen zu sein oder ist unter einer Eisschicht erstarrt. War die Zeit der Schwangerschaft noch mit bunten Bildern der Hoffnung und Zuversicht geschmückt, sind nun schlagartig alle Perspektiven zerstört.

Im Folgenden möchte ich diesen Tiefpunkt mütterlicher Lebensgeschichte näher beschreiben und seine Ursachen ergründen. Auffallend ist, dass übereinstimmend Mütter aller sozialen Klassen diese Krise erleiden.

Um zu verstehen, wieso das so ist, komme ich nicht umhin, immer wieder auf die ungehindert verlaufende Beziehung zwischen Mutter und Kind zu verweisen. Gleichzeitig bin ich mit großen sprachlichen Schwierigkeiten konfrontiert. Welche Worte wähle ich, um die Erfahrungen der Mutter mit ihrem auffälligen Kind zu beschreiben? Schnell bin ich bei undifferenzierten Zuschreibungen aus der Schwarz-Weiß-Kiste. Dann gibt es nur normal und nicht normal, behindert und unbehindert, üblich und nicht üblich. Das zeigt, wie ich als Mutter mit meinem Kind stets den Kürzeren ziehe, weil nur auf den Mangel verwiesen wird, den mein Kind hat. Dagegen wehrt sich in mir alles, denn ich schaue mein Kind mit liebevolleren Blicken an als objektive Testpersonen. Immer wieder merke ich, wie aufgewühlt mein Inneres ist, wenn es um mein Kind geht.

Auf der einen Seite bin ich Mutter, will einfach eine ganz alltägliche Mutter sein. Auf der anderen Seite fällt dieses Kind mit seiner Beeinträchtigung aus dem alltäglichen Rahmen heraus. Und schon fange ich an zu rotieren, weil ich ja nicht umhin komme, meinen Standort zu suchen. Was für jede Mutter eines normal entwickelten Kindes selbstverständlich ist, gilt nicht für mich. Im Widerstreit der Formulierungen wehre ich mich dagegen, eine unnormale Mutter zu sein. Was bin ich denn eigentlich? Und warum spüre ich die Antwort nicht tief in mir? Wie zerrissen fühle ich mich, suche nach Worten, die mir Schutz bieten und finde sie nicht. Eine Schallplatte dreht sich, die Worte schneiden eine Fratze und rufen mir zu, dass ich mit meinem Kind anders geworden bin. Überall, wo ich hinkomme, stelle ich automatisch Vergleiche an und komme doch nur zu einem Ergebnis: Ich bin nicht mehr wie die anderen. Ich unterscheide mich von allen Freunden und Bekannten mit Kindern. Das geschah ohne mein Zutun. Mein Kind hat mich zu einem anderen Menschen gemacht. In erster Linie aber bin ich anders, weil mir etwas fehlt!

Erst nach der Geburt meines zweiten Kindes fühlte ich mich als Mutter sicher. Jetzt ahnte ich, was ich beim ersten vermisst hatte. Zwischen diesem Kind und mir stimmte die Kommunikation. Was die Babyforschung als Feinabstimmung bezeichnet, dieses instinktive Erspüren und Hineinspüren in das Kind, lief ohne gedankliche Überlegungen ab und sorgte für ein großes Maß an Zufriedenheit. Nächtliches Gewecktwerden hatte seinen Schrecken verloren, denn dieses Kind zeigte einen verlässlichen Rhythmus, auf den ich mich leicht einstellen konnte. Endlich war es mir möglich, aus meinem inneren Mutterprogramm heraus zu handeln und zu fühlen. Wieso war eine ähnlich befriedigende Interaktion beim anderen Kind nicht möglich?

Eine Ursache liegt darin begründet, dass viele später als schwierig bezeichnete Kinder eine hohe Sensibilität und besondere Wahrnehmungsfähigkeit besitzen. Gleichzeitig verfügen sie im frühen Alter aber noch nicht über eine Struktur, die sie vor der Intensität der auf sie einstürzenden Reize schützt. Im Gegensatz zu anderen Kindern sind sie dadurch beeinträchtigt in ihrem natürlichen Bestreben, sich die Welt anzueignen, Beziehungen zu anderen Menschen aufzunehmen.

Interaktion zwischen Mutter und Kind

Wenn die feinen seelischen Austauschprozesse zwischen Mutter und Kind die Versorgung seiner leiblichen und seelischen Bedürfnisse garantieren, so ist das möglich, weil Mütter im Verhalten ihres Kindes wie in einem offenen Buch lesen können und lernen, seine Äußerungen zu beantworten. Dadurch entsteht im Kind das Gefühl, etwas zu bewirken. Es wird wahrgenommen, seine Bedürfnisse werden befriedigt, weil die Mutter die Verantwortung für sein Überleben übernommen hat. In diesem Prozess wirkt das Baby von Anfang an steuernd mit. Seine Impulse signalisieren der Mutter, was zu tun ist. Im gesunden Wechsel von Bedürfnisbefriedigung und Frustration wirken beide aufeinander ein. Tauchen Störungen auf und lassen sich Lösungsmöglichkeiten finden, dann fühlt sich die Mutter stolz, weil sie weiß, was ihrem Kind gut tut. Die sensiblen Reaktionen auf die Signale des Kindes vertiefen die Beziehung zu ihm und ermöglichen eine Atmosphäre, in der sich spielerische Momente mit Freudenjauchzern ebenso finden wie unzufriedenes, lautes Gebrüll.

Bei schwierigen Kindern laufen die beschriebenen Vorgänge anders ab. Das hängt damit zusammen, dass bei ihnen die Verarbeitung von Reizen anders verläuft, denn ihr Gehirn verknüpft äußere Sinnesreize auf seine eigene Weise. Allerdings ist es fast unmöglich, in diesem frühen Alter bereits verlässliche Diagnosen zu stellen. Deswegen haben es die Mütter schwer, denn sie lasten sich die vom Kind ausgehenden Irritationen zunächst selber an. Woher sollen sie auch wissen, dass ihr Kind eine besondere Art der Wahrnehmung und Wahrnehmungsverarbeitung hat und deshalb oft anders reagiert, als sie es erwarten?

Es scheint, als ob diese Kinder Mühe haben, sich an das Leben außerhalb des Mutterleibs anzupassen. Sie wirken schnell überreizt und kaum in der Lage, sich selbst zu beruhigen. Entspannte Momente sind selten. Es will sich einfach kein Rhythmus einstellen, in dem sich Mutter und Kind finden. Wenn die Mutter ihrem Gefühl ungefiltert freien Raum ließe, müsste sie sich vorwurfsvoll an ihr Kind wenden, ihm sagen, wie enttäuscht sie ist, weil sie kaum positive Gesten von ihm spürt, denn das Kind kann nicht so adäquat auf ihre Impulse antworten, wie sie das unbewusst erwartet. Dieser Tatbestand wird meines Erachtens noch zu wenig gesehen. In der entsprechenden Literatur (Stern u.a.) wird die erwünschte Feinabstimmung der Mutter beschrieben, aber man vergisst, dass ja auch der Säugling seinen Beitrag dazu leistet. In der alltäglichen Interaktion bleibt aufseiten der Mutter stets ein unbeantworteter Rest. Dieser aber muss verleugnet werden, denn ich kann doch meinem Kind keinen Vorwurf machen, weil es so ist, wie es ist. Es ist wichtig zu wissen, dass für diese eingeschränkte Interaktion weder die Mutter noch das Kind etwas können. Das ist die Tragik dieser Beziehung, die bei allen Müttern in eine tiefe Krise ihres Mutterseins führt. Sie spüren einen unbeantworteten Rest, der von Tag zu Tag da ist, fühlen sich ausgelaugt und erschöpft, suchen nach Ursachen und Erklärungen und tappen doch im Dunkeln.

Unklare Signale des Kindes tragen dazu bei, dass eine Atmosphäre der Unsicherheit zwischen Mutter und Kind entsteht. Viele Mütter werden überängstlich, lassen ihr Kind nicht mehr aus den Augen und hemmen mit dieser Haltung die Entwicklung seines gesunden Neugierverhaltens. Dann bewegen sich beide im Teufelskreis ihrer Ängste. Erwünschte Entwicklungsanreize finden keinen Entfaltungsspielraum mehr.

Die große Ambivalenz im Verhalten auffälliger Kinder lässt sich nur schwer einschätzen. Am besten drückt der Begriff *Irritation* aus, was Mutter und Kind erfahren. Da den hochsensiblen

Kindern ein natürlicher Filter der Reizabwehr fehlt, sind sie allen Reizen ihrer Umgebung ausgeliefert. Sie spüren feinste atmosphärische Schwingungen und reagieren darauf. Was sie brauchen, ist eine reizarme Umgebung und eine Bezugsperson, die auf ihre Irritationen mit Klarheit reagiert. Doch diese Art und Weise mit ihrem Kind umzugehen, lernen die Mütter meist erst nach einiger Zeit und nach den ersten Untersuchungen und beratenden Gesprächen mit Fachleuten. Häufig kann dies erst um die Zeit des Kindergarteneintritts geschehen. Bis dahin stehen die Irritationen im Vordergrund. Da ist es kein Wunder, wenn sich bei der Mutter ein resignativer Unterton einstellt, der alle ihre Handlungen dem Kind gegenüber beeinflusst und einen Moment der Schwere mit sich bringt. Das Leben wirkt auf einmal so belastet.

Mütter von schwierigen Kindern lernen Mangel als eine neue Qualität ihres Lebens kennen. Karin, deren Sohn mit seiner motorischen Ungeschicklichkeit in seinen ersten Lebensjahren für viel Chaos in der Familie sorgte, sagt rückblickend: »Es ist komisch, aber von Geburt an hatte ich den Eindruck, dem Jungen fehle etwas. Damals haben mich alle ausgelacht, wenn ich davon sprach. Aber in mir hat sich das Bild des Mangels festgesetzt. Manchmal, wenn die lange Prozedur des Fütterns zu Ende war, schaute ich in sein Gesicht und hatte den Eindruck, er ist nicht satt geworden. Das machte mich furchtbar niedergeschlagen. Instinktiv spürte ich, in diesem Kind bleibt etwas ungenährt. Da reiche ich nicht hin, auch wenn ich mir noch so viel Mühe gebe. Aber dieses sichere Gespür hat mich davor geschützt, zu viel von ihm zu erwarten. Als es Schwierigkeiten in der Schule gab, weil er ständig in Konflikte und Schlägereien verwickelt war, war das meine Erklärung. Er kann das einfach nicht.«

Aber nur wenige Mütter können mit dieser instinktiven Sicherheit auf ihr schwieriges Kind blicken. Eher ist es so, dass sie unsicher werden, mit dem Mangel nicht zurechtkommen, weil sie sich in Frage gestellt sehen, nichts Gutes mehr an ihnen ist. Jetzt ist der Boden bereitet, auf dem das Rumpelstilzchen-Syndrom aus dem Boden schießt.

Das Rumpelstilzchen-Syndrom

Wenn in der Beziehung einer Mutter zu ihrem Kind alle Liebe und Fürsorge letztendlich doch nicht dazu geeignet sind, die Mängel seiner leib-seelischen Grundausstattung zu verändern, dann meldet sich nach einiger Zeit eine innere Stimme, die sagt: Du tust nicht genug! Du strengst dich einfach nicht genug an, deinem Kind zu helfen! Unweigerlich stellt sich ein schlechtes Gewissen ein, denn eine solche innere Richterstimme macht der Mutter den Vorwurf, sie liebe ihr Kind nicht genug. Was tut sie dagegen? Sie strengt sich an, diesem Idealbild der Mutterliebe zu entsprechen.

Mutterliebe, von Mythen häufig umrankt, genährt von kindlicher Fantasie, eingepasst in Normen, Sehnsüchte und Wünsche, wird dann beschworen, wenn etwas eigentlich nicht machbar ist, eine Hürde unüberwindlich hoch, eine Last zu schwer. Wenn alles stöhnend aufschreit, es geht nicht, dann ist der Moment gekommen, in dem sich die Mutter der Sache annimmt. Ein Überlebensprogramm scheint ihre Schritte zu lenken. Das Kind, das die Natur ihr fehlerhaft bei der Geburt geliefert hat, will noch einmal in den Mutterschoß. So scheint die Botschaft von Mutter Natur zu lauten, sobald der Groll über das schwere Schicksal vergessen ist. Nimm dein Kind ganz nah an dich heran, birg es in dir, lass es Anteil haben an deiner Natur. Auf diese Weise gewinnt die Mutter wieder Vertrauen in ihre Wachstumskräfte, die sich fernab von Entwicklungsnormen entfalten dürfen.

Mutterliebe – eine Mutter hört auf, an sich zu denken. Das tut sie nicht kraft willentlicher Entscheidung, nein, es geschieht gezwungenermaßen. Die Natur zwingt sie. Ihre mütterliche Natur zwingt sie, denn diese wächst und entfaltet sich mit der Aufgabe, Entwicklungshelferin ihres schwierigen Kindes zu sein. Doch der Preis ist hoch. Wer im Dienste der Mutterliebe wirken muss, die Macht der Liebe anbetet, zahlt in einer Währung, die es nicht auf der Bank gibt, weil sie jeden Tag neu geprägt werden muss. Und dieser Vorgang ist ein passiver, ein leidender. Wenn das Wohl und der Schutz des Kindes an oberster Stelle stehen, bleibt der Mutter gar nichts anderes übrig, als im Meer der Liebe zu versinken. Sie geht unter, ihr eigenes Wollen und Sehnen verstummt. Sie lässt sich in den Sog der Bewegung fallen, die auf das schwierige Kind zielt.

Neue Kriterien tauchen auf: Sie heißen Selbstaufgabe, Selbstaufopferung, heldenhafte Mutter, die sich deckt mit ihrer Aufgabe, die aufgeht in ihrem Kind. So werden die beiden ununterscheidbar.

Über kurz oder lang nimmt die Mutter die Schwäche des Kindes in sich hinein, will es auf diese Weise stärken und schützen. Immer geht es dabei auch um das Gefühl ihres eigenen Mangels, dem sie auf diese Weise antwortet. Wie kommt die Mutter aus dieser Zwickmühle der Ohnmacht? Sie flüchtet in einen Aktionismus, hetzt sich und das Kind von einer Therapie zur anderen, angetrieben von der Illusion, irgendwann auf die Wunderheilung zu treffen, die aller Not ein Ende macht. Gleichzeitig kann sie sich und aller Welt beweisen, wie sehr sie um das Wohl des Kindes bemüht ist. Mit diesen Anstrengungen wirkt sie dem eigenen Ohnmachtsgefühl entgegen. Das ist der Preis, den sie bezahlen muss, um ihr Selbstwertgefühl stabil zu halten.

Mit Grausen denke ich an die langen Nachmittage mit meiner Tochter zurück, an denen ich das Übungsprogramm erfüllen wollte. Regelmäßig sank meine Stimmung in den Keller, sobald ich mit dem Kind auf dem Boden saß, um alle die ausgeklügelten Trainingsaufgaben zur Konzentrationsförderung zu machen. Auf einmal veränderte sich mein Blick auf das Kind. Es schien nur noch aus kognitiven und motorischen Einbußen zu bestehen. Die Melodie zwischen mir und dem Kind war abrupt gestört. Das zu spüren tat weh. Aber wie hätte ich diesem Schmerz Raum geben können?

Und Mütter sind ja so erfinderisch und ausdauernd. Sie holen das unlustige Kind unterm Tisch hervor, geben nicht auf, bis nicht das letzte Farbplättchen den richtigen Platz gefunden hat. All dieses Tun soll spielerisch sein, ist aber im Grunde genommen ein hartes und unerbittliches Training dessen, was dem Kind von Natur aus schwer fällt. Damals stand ich unter dem Diktat meiner Minderwertigkeitsgefühle, beruhigte auf diese Weise sicherlich auch meine Schuldgefühle. Aber heute wird mir klar, wie sich ein Element in die Beziehung zu meinem Kind einschlich, das zu einer Entfremdung führte. Mit dem Förderprogramm im Nacken war ich bestrebt, die Grenzen des Kindes kontinuierlich zu erweitern. Ich tat dies, weil ich eine gute Mutter sein wollte und alle Fachleute mir suggerierten, das sei der einzig richtige Weg. Aber ich leistete mir und dem Kind einen Bärendienst, denn wir entfernten uns immer weiter voneinander. Heute habe ich Zweifel, ob ich mit dieser Haltung mit meinem Kind noch mütterlich verbunden war.

Erst einige Jahre später war ich so weit, Nein sagen zu können. Ich wehrte mich dagegen, jetzt auch noch die Rolle der Krankengymnastin zu Hause spielen zu müssen. Ich wollte nicht, dass mein Zusammenleben mit dem Kind durch motorische Geschicklichkeitsspiele, möglichst in regelmäßigen Abständen, beeinträchtigt wird. Damals war meine Tochter bereits acht Jahre alt, konnte ihren Widerstand deutlicher machen als früher und erleichterte mir die Entscheidung. Aber ich musste erst schmerzhaft in die Falle tappen, um dies zu erkennen.

Die Überschrift zu diesem Abschnitt verweist auf das Märchen Rumpelstilzchen. Dieses Grimm'sche Märchen erzählt von einer jungen Frau, einer Müllerstochter, die nach Aussage ihres Vaters die besondere Fähigkeit besitzt, aus Stroh Gold zu spinnen. Eigentlich ist das ja etwas Unmögliches, was von dieser Frau verlangt wird. Mithilfe des kleinen Dämons Rumpelstilzchen gelingt es ihr jedoch. In dieser Märchengestalt verkörpert sich etwas von dem weiblichen Bestreben, das eigentlich Unmögliche zu leisten, dabei ständig über die eigenen Leistungsgrenzen gehen zu müssen. Wird sie damit nicht zu einer Leitfigur für Mütter mit Problemkindern? Immer sind diese Mütter am Anschlag, immer ist die Latte der Anforderungen so hoch gelegt, dass es eigentlich nicht zu schaffen ist. Doch die Mutter treibt sich an. Rumpelstilzchen dreht am Spinnrad, macht die Nacht zum Tage. Mütterliches Schuldgefühl treibt an, setzt unter Druck, denn die Erwartungen, welche die Mutter eines schwierigen Kindes an sich stellt, werden nie erfüllt. Wieder dreht sich das Rad der inneren Ansprüche an meine Rolle als Mutter. Aber ich bin nicht die einzige, die es in Schwung hält. Die Vielzahl von ganz konkreten Forderungen von Ärzten, Heilgymnasten und Therapeuten hält mich auf Trab und dreht das Rad immer schneller. Die Erwartung der allseits tätigen, ums Kind sich drehenden Mutter, deren Gedanken auch noch in der Nacht keine Ruhe geben, führen notgedrungen in eine Sackgasse.

Die Müllerstochter im Märchen überanstrengt sich, angetrieben von den männlichen Forderungen, die das Unmögliche wollen. Aber sie durchschaut zum Glück diesen verheerenden Mechanismus in dem Moment, als ihr Kind in Gefahr ist, der Macht Rumpelstilzchens zu verfallen. Auch Mütter von schwierigen Kindern stehen wie diese Frau immer wieder in der Gefahr, ihre Kinder zu verlieren. Das scheint in der Natur ihrer Aufgabe zu liegen, kaum vermeidbar zu sein. Deshalb sollte jede Mutter lernen, achtsam mit sich umzugehen, auf Alarmsignale hören, von Zeit zu Zeit innehalten, um sich wieder zu spüren, sich zu fragen: Wo bin ich eigentlich? Was habe ich heute getan? Spüre ich mein Kind überhaupt noch? Wann haben wir zum letzten Mal zusammen Quatsch gemacht?

Die Mutter eines Jungen drückt das so aus: »Von Anfang an hatte ich den Eindruck, der Umgang mit meinem Kind ist wie ein Fass ohne Boden. Ständig muss ich unterstützen, Mut machen und trösten. Immer wieder muss ich ihm auf die Sprünge helfen, immer mit offenen Armen dastehen und bereit sein, alle Wutausbrüche und Lügen über mich ergehen zu lassen. Ein Fass ohne Boden war dieses Kind für mich. Nichts hatte Halt, nichts hatte Bestand, alles zerfloss. Eine ungeheure Leere war in mir, denn das Fass ohne Boden war ja auch ich. Als Container meines Kindes hatte ich sein Unvermögen, seine Schwächen und seine Unruhe unter der Haut. Und ich leide noch heute darunter, dass ich diesen Jungen mit seinen Einbußen im Bereich der Wahrnehmung und Reizverarbeitung nie so in mir bergen konnte, wie ich das wollte und beim anderen Kind auch konnte. Nur bei ihm war das nicht möglich. Weil er mein erstes Kind war, bin ich durch die Mühlen der Sprechzimmer und Untersuchungen gelaufen. Heut habe ich den Eindruck, diese Erfahrung kriege ich nicht mehr aus mir heraus.«

Mutterliebe und Mutterleid gehen eine enge Verbindung ein. Nichts ist zu sehen von der in manchen Geschichten viel beschworenen mütterlichen Kraft, die Berge versetzen kann. Das zu akzeptieren macht vielen Müttern mehr Mühe als die Rolle der powernden Übermutter zu spielen. Ob das mit unserer Gebärfähigkeit zusammenhängt, dass wir ein schwieriges Kind als eine Beeinträchtigung unserer eigenen Weiblichkeit erleben? Wir sind nun mal mit diesen elementaren schöpferischen Naturkräften verbunden, sie machen uns stark und sicher. Wenn dann unser Kind mit Handicaps durchs Leben muss, dann kann es durchaus geschehen, dass wir uns überhöhen in unserem Bemühen, den Fehler der Natur ausgleichen zu wollen.

Alternativen

Die Welt der Mütter mit schwierigen Kindern ist bunt und vielgestaltig. Jede sucht ihren Weg, der sich von dem der anderen unterscheiden kann. Lena, deren Tochter zu den Kindern gehört, die sehr rasch ermüden und danach kaum noch zu motivieren sind, hatte eine kurze Zeit lang versucht, mit ihrer eigenen Energie das Kind aufzuladen, um seine Konzentrationsfähigkeit zu steigern. In einer schlaflosen Stunde in der Nacht hatte sie eine Fantasie, in der sie sich als kalter und fordernder Feldwebel sah, der sein Kind drillt und herumkommandiert. Schlagartig wurde ihr bewusst, wieso zwischen ihr und ihrer Tochter seit Wochen eine gereizte und aggressive Stimmung herrschte, die jegliche Spielfreude im Keim erstickt. Wenn jedes Treppensteigen zur gymnastischen Übung wird, dann steht selbst bei den alltäglichen Verrichtungen ein distanzierter Betrachter im weißen Kittel im Hintergrund und zerstört Liebe und Zuneigung.

Manche Mütter, die ich zu den ganz mutigen zähle, wittern von vornherein die Gefahr, die beste aller Mütter sein zu wollen, die beste aller Heilpädagoginnen werden zu müssen, indem sie sich frei halten von allen Übszenarien und diese an neutrale Personen abtreten. Anfangs fällt dieser klare Standpunkt, der die Belastungsgrenzen der Mutter gelten lässt, nicht leicht. Was, Sie üben nicht mit Ihrem Kind?, ruft es aus dem Chor der empörten Supermütter. Dagegen seine einzelne Stimme zu erheben, das verlangt Mut! Lena fängt an, sich mehr an den Spielen ihrer Tochter zu beteiligen, sitzt mit ihr auf dem Boden, wickelt die Puppen und spürt, wie sie beide von der Kraft des Spiels ergriffen werden und wie ausdauernd ihr Kind sein kann. Vor allem haben beide Freude daran, denn im Spiel wird keine Geste gewertet, fühlt sich die Mutter frei mit ihrem Kind. So werden ihre

Rollenspiele langsam und kontinuierlich zu einer Quelle, die ihre Beziehung erfrischt und lebendig hält. Als Lenas Tochter große Mühe mit den hohen Anforderungen der Schule hat, scheut sich die Mutter nicht, der Lehrerin zu schreiben; so weit hat meine Tochter es geschafft. Dieser Mut, die Leistungsgrenze deutlich zu kennzeichnen, ist das beste Mittel gegen das Rumpelstilzchen-Syndrom.

Was hilft?

▶ Im Märchen schickt die in Not geratene Königin Boten aus, um Rumpelstilzchen auf die Spur zu kommen. Machen Sie es ihr nach und schicken Sie in Zeiten großer Beanspruchung innere Helfergestalten los in Form von Gedanken, die herausfinden sollen, was Sie so erschöpft. Vielleicht kommt Ihr innerer Helfer von seiner Erkundung zurück und stellt fest, Sie waren nirgends zu finden. Soll das ein Witz sein? Nein, aber in diesem Bild drückt sich etwas aus, was Müttern von Problemkindern immer wieder geschieht: Sie gehen buchstäblich verloren. Sie verlieren sich in der täglichen Mühe mit dem Kind und sind nicht mehr in Kontakt mit sich und ihren Gefühlen. Es ist schwer, sich das einzugestehen. Die Frage: Wo bin ich eigentlich? ist der erste Schritt, um sich wieder auf die Spur zu kommen.

▶ Die allseits offene Tür zum Kinderzimmer einfach für eine Weile zumachen. Eine CD hören, die Musik so laut drehen, dass alle anderen Geräusche übertönt werden. Anfangen, nach der Musik sich zu bewegen, den Rhythmus finden, das Blut in den Adern, den Atem, Belebung spüren. Die Uhr steht still, dieser Moment gehört mir ganz allein!

▶ Abends eine Runde durchs Wohngebiet machen, die aufgedrehten Gedanken auslaufen lassen. So lange unterwegs sein, bis die Eindrücke des Alltags schwächer werden. Darauf bedacht sein, dass dieses gute Fühlen Ihnen zusteht, kein Luxus ist.

▸ Wagen Sie es immer wieder, Ihr Kind in andere Hände zu geben, auch wenn es dadurch aus dem Gleis kommt und einige Zeit vergeht, bis es den Aufenthalt verarbeitet hat. Die Zeit allein als kontinuierlich wiederkehrendes Ereignis in die Woche einbauen. Am Abend etwas allein oder mit anderen unternehmen. Für mich war der wöchentliche Besuch der Sauna der Ausstieg aus dem Alltag. Den Frust und die Anstrengungen aus sich herausschwitzen und danach erfrischt und ein klein wenig wie neu geboren sich zu Hause wieder einklinken. Das unaufgeräumte Kinderzimmer ignorieren. Jetzt kann ich mir zugestehen, ich muss nicht Stroh zu Gold spinnen. Das Kind wirkt heute viel aufgedrehter als sonst? Wenn das so ist, es als Tatsache akzeptieren.

▸ »Fang endlich an, hinter deinem Kind hervorzukommen«, meinte einmal eine weise Frau zu mir. Ich hatte ihr erzählt, wie schwer es mir fällt, die Ratschläge meiner Mitmenschen zu hören, die mein Kind betrafen. Da sagte sie diese Worte. Sie waren eine Aufforderung, mehr zu mir zu stehen als Mutter, mich nicht länger verunsichern zu lassen durch das, was andere vorgaben besser zu können. Aber ich fasste ihre Worte auch so auf, ich müsse mich mehr sichtbar machen, dürfe ruhig in der ersten Reihe stehen und sollte nicht durch das Kind teilweise verdeckt werden. Dieser Satz bewegte sich oft in mir, beschäftigte meine Fantasie und einmal stellte ich mich mit meinem Kind vor den Spiegel. Wir fingen an zu spielen, probierten verschiedene Positionen aus und es dauerte eine Weile, bis wir neben einanderstanden, lachend sagten: Das bin ich, und das bist du!

Muttergefühle ganz anderer Art

»Wenn ich das doch alles früher gewusst hätte!«, sagen viele Mütter, deren Problemkinder inzwischen längst erwachsen sind und selbstständig durchs Leben gehen. Was ist es denn, was diese Mütter gerne früher gewusst hätten? Eine drückt es scherzhaft aus. »Warum hat die Natur nicht eine Gebrauchsanweisung für mein Problemkind beigegeben, als ich es geboren habe? Ich hätte ein viel leichteres Leben gehabt, wenn ich von Anfang an gewusst hätte, was mit meinem Kind los ist. Und ich hätte alle die vielen Fehler nicht machen müssen und von Anfang an das richtige Verhalten dem Kind gegenüber zeigen können und nicht erst nach der Beratung mit den Ärzten.«

Übereinstimmend bezeichnen die meisten Mütter die Zeit bis zur ersten Beratung als eine schlimme, weil sie mit Gefühlen konfrontiert werden, auf die sie nicht vorbereitet sind. Im Grunde genommen ist es der Wunsch nach Klarheit und Eindeutigkeit, wissen, woran ich bin, endlich wissen, was zwischen uns läuft. In diesem Stadium wird die Belastung durch das Kind als schwer kontrollierbar erlebt. Der seelische Stress verringert sich erst allmählich, wenn erkennbar wird, warum das Kind ist, wie es ist, und wie sich die Mutter ihm gegenüber förderlich verhalten kann. Erst dann verändert sich die anfangs als Belastung erlebte Bedrohung, und die Aufgabe, mit einem auffälligen Kind durchs Leben zu gehen, kann sich als Herausforderung zeigen. Dann kann aus Angst Zuversicht werden. Die Ohnmacht rückt in den Hintergrund, weil sich in der Mutter der Wille als vorwärts drängende Kraft meldet. Dann fängt langsam aber sicher das Vertrauen ins Leben wieder zu wachsen an.

Aber noch ist das Gegenteil der Fall, denn zwischen Mutter und Kind sind Irritationen und Fehlinterpretationen an der Tagesordnung. Die Mutter sehnt sich nach einem Echo des Kindes, das ihr sagt, du bist eine gute Mutter. Sie braucht das wie die Luft zum Atmen. Aber das Echo des Kindes ist schwach, widersprüchlich, manchmal ablehnend und schwer zu verstehen. Auf einmal fühlt die Mutter Wut in sich aufsteigen, erschrickt über diese Regung, bricht in Tränen aus, weil ihr Inneres in Aufruhr ist. Was ist nur mit mir los?, denkt sie. Ständig kreisen ihre Gedanken nur um das Kind. Unablässig setzt sie sich auseinander mit ihrem Kind. Sie quält sich und weiß so wenig, was mit ihm ist. Ihre Gefühle schwanken zwischen Alltagsfreude, Trauer und Wut, sie kennt sich nicht wieder und benötigt Kraft, dies alles auszuhalten.

Nur wenige Mütter gestehen sich ihre Wut auf das Kind ein, weil sie meinen, das dürfe nicht sein, bzw. qualifiziere sie als Mutter nur noch weiter ab. Aber diese Wut entsteht als natürliche Reaktion auf die vielfältig eingeschränkte Interaktion. »An manchen Tagen war ich so wütend auf mein Kind, dass ich es weit weg von mir wünschte«, sagt eine Mutter. »Am schlimmsten war es in der Öffentlichkeit, im Supermarkt oder auf dem Spielplatz, wenn es von anderen Kindern gehänselt wurde und sich nicht wehrte. Immer musste ich einschreiten. Das habe ich gehasst! In solchen Momenten habe ich mein Kind gehasst! Und gleichzeitig schämte ich mich, war traurig, aufgewühlt und wütend zugleich und so irrsinnig das scheint, ich spürte auch die große Liebe zu diesem Kind, das furchtbare Mitleiden mit seinen Besonderheiten.«

Die Gefühlslandschaft einer Mutter mit einem schwierigen Kind zeigt viele Höhen und Tiefen, Zerklüftungen, wenig Ebenmaß. Zu den Kennzeichen im Ablauf der Gefühle gehört es, dass meist ein Wust von Gefühlen gleichzeitig abläuft. Freude ist oft getränkt mit der Angst, sie sei doch nicht von Dauer, und Ruhe und innerer Friede gehören zu den seltenen Erfahrungen. Das gute Grundgefühl dieser Mütter scheint erschüttert. Nicht wenige durchlaufen immer wieder Phasen depressiver Traurigkeit, wo sie sich freudlos, kraftlos und schwer erleben. Der Lebensmut scheint kaum noch für die Bestreitung des Alltags auszureichen und die Angst vor der Zukunft wächst.

Karin erinnert sich: »Es war immer so, als ob sich plötzlich hohe Mauern vor mir aufbauten, die mich einengten, sodass ich nur noch auf mein Kind starren konnte und nichts anderes mehr sah. Damals erlebte ich Tage, wo ich mir wünschte, ich hätte das Kind nie geboren. Grässlich war das, so fühlen zu müssen! Das habe ich bisher für mich behalten. Manchmal habe ich versucht, meine Gefühle zu beschreiben. Aber sobald ich die Worte las, musste ich das Blatt zerreißen. Ich hatte Angst!«

In solchen Befindlichkeiten erlebt sich die Mutter allein und verlassen. Ihr Kind konfrontiert sie mit der beschädigten Seite des Lebens, den Grenzen des Machbaren, mit Schwächen und Fehlern. Und sie muss sich damit auseinander setzen! Das Leben zwingt sie dazu. Und immer taucht mit quälender Regelmäßigkeit die Frage auf: »Warum habe ausgerechnet ich so ein schwieriges Kind?«

▶ Irgendwann hatte ich begriffen, dass die oben beschriebenen Gefühle zu mir gehören. Sie sind nicht abnorm, sondern entsprechen den vielfältigen Erfahrungen mit einem auffälligen Kind. Es ist wichtig, sich immer wieder bewusst zu machen: Mit diesen Emotionen nehme ich das Geschehen um mein Kind in mich hinein und lerne es und mich auf die Weise zu verstehen und zu bewerten. Manchmal half ich mir dadurch, dass ich sagte, das sind eben Muttergefühle der besonderen Art. Sie sind einfach da und ab und zu traf ich auf eine Frau, der ich sie anvertrauen konnte. Dann hatte ich hinterher das Gefühl, ich bin o.k., ich stimme, ich bin nicht aus der Reihe als Mutter, was ich erlebe, ist einfach so. Heute noch bin ich diesen Frauen dankbar, bei denen ich am Küchentisch saß, mir meinen Kummer mit meinem Kind von der Seele redete. Sie nickten einfach, große Worte brauchte es nicht. Das tat gut. Die Bestätigung, so ist es. Es ist, wie es ist!

▶ Was mache ich an Tagen, wo mich die Wut aggressiv macht? Sie schadet doch meinem Kind, das so sehr auf Ausgleich angewiesen ist, sagt eine innere Richterstimme. Und schon fühle ich mich schrecklich zerrissen. Versteck dich nicht hinter deinem Kind, sagte die eine meiner weisen Frauen. Und eine andere in mir drin machte mir Mut zu meiner Wut. Ich kochte vor Empörung, wenn ich die Buhfrau war für alles, was nicht klappte, und stellte mich in der Fantasie in eine Reihe mit all den anderen Müttern schwieriger Kinder, die sich gegen ihre Rolle, Esel der Nation zu sein, auflehnen. Mit der Wut kommt die Kraft und von der brauchen Mütter mit solchen Kindern besonders viel.

Grenzerweiterungen

Die Vielfalt mütterlicher Gefühle im Zusammenleben mit einem schwierigen Kind bildet sich nicht von heute auf morgen. Zunächst geht es darum, Abschied nehmen zu müssen von Vorstellungen und Erwartungen, die alle nur das eine sagen: Wie schön wäre es, wenn mein Kind so wäre wie die anderen. Im Grunde meines Herzens verbirgt sich der Wunsch, nicht länger aus dem Rahmen zu fallen, mich endlich in die Reihe des Üblichen stellen zu dürfen.

Aber genau das geht nicht, denn dieses besondere Kind lässt sich nicht so einfach einordnen. Um mit seiner Besonderheit Schritt halten zu können, fängt deshalb in der Mutter ein Lernprogramm an, das Kräfte mobilisiert, mit deren Hilfe sie ihre bisherigen Wünsche zu Grabe tragen kann. Das klingt vielleicht ein wenig dramatisch, doch die Trauer um das Kind, das ich nicht bekommen habe, ermöglicht mir auch, das Unerfüllbare loszulassen, mich davon zu trennen. Wenn dieser schmerzhafte Sterbeprozess durchlitten ist, die Mutter sich leer, ernüchtert und illusionslos fühlt, dann hat sich ihr Blick verändert, schaut sie ihr Kind mit anderen Augen an. Nüchtern und offen kann sie nun seine Entwicklung begleiten. Der Blick auf seine Fähigkeiten wird nicht mehr getrübt durch die Linse seiner Schwächen. Ist dieser innere Schritt vollzogen, zeigt sich eine neue Qualität in der Interaktion zwischen Mutter und Kind: Eine tüchtige Brise an Freiheit durchweht das Feld ihres gemeinsamen Erlebens.

Und wie immer im Umgang mit den besonders sensiblen Kindern spüren sie die Veränderung sofort. Sie nehmen die feinen seelischen Schwingungen unmittelbar auf, reagieren und agieren nun in einen veränderten Rahmen hinein. Auf einmal wirkt das Kind wie ausgewechselt, scheint sich mehr zuzutrauen.

Die Mutter kann es auf einmal besser gewähren lassen, schaut ihm zu und muss nicht länger sein Handeln von Anfang an lenken. Was ist geschehen?

Der Mutter ist es gelungen, die Grenzen ihres Verhaltens zu erweitern. Das muss sie im Umgang mit diesem besonderen Kind immer wieder tun, denn es scheint zu ihrem mütterlichen Lernprogramm zu gehören, um das Wohl des Kindes willen, sich wieder und wieder zu verändern. Sie springt über ihren eigenen Schatten, kommt nicht umhin, sich mit den eigenen Schwächen auseinander zu setzen. Auf diesem Weg lernt die Mutter Aspekte von sich kennen, die bisher im Dunkeln lagen. Das schwierige Kind fordert sie dazu heraus, sich in diese Grenzbereiche ihres Inneren vorzuwagen, sich in Frage zu stellen, sich auszuloten.

Für viele Mütter ist dies die zentrale Erfahrung im Zusammenleben mit ihrem schwierigen Kind. Anna, deren Tochter extrem langsam und überängstlich auf alles, was von außen auf sie zukommt, reagiert, gerät jeden Morgen in einen nervenaufreibenden Clinch mit ihr. Dabei hat sie den Eindruck, das Kind steuere ihre Reaktionen, denn eigentlich möchte sie mehr Gelassenheit zeigen. Erst wenn ihre Tochter im Bus zur Vorschule sitzt, gelingt es ihr in Ruhe darüber nachzudenken. Fragen tauchen auf: Was wühlt mich so auf? Warum geraten wir beide zwanghaft in diese Konflikte hinein? Wieso regt mich das Getrödel meines Kindes so auf, dass ich regelrecht ausraste?

Da Anna selbst ein sehr aktives und gut angepasstes Kind war, kennt sie solche Auseinandersetzungen nicht von früher her. Kopfschüttelnd wird ihr klar, dass ihr Problemkind sie mit Verhaltensweisen konfrontiert, die sie eigentlich ablehnt. Aber sie spürt auch, dass es ihr als Kind nicht immer leicht gefallen ist, das tatkräftige Kind zu sein, das sie sein musste. So gut wie meine

Tochter hätte ich es ab und zu schon gerne gehabt. So viel Be-
mutterung hätte mir auch gut getan. Das ist es, denkt sie, mein
Kind verhält sich so, wie ich es nie durfte. Das ist der Grund,
wieso wir uns immer wieder ineinander verhaken. Fast ist es so,
als ob das Kind, das ich einmal war, ankämpft gegen meine
Tochter. Als Kind hatte ich Angst davor, als ängstliches und
langsames Mädchen in meiner Familie lächerlich gemacht zu
werden. Und heute muss ich genau dieses Verhalten bei meiner
Tochter tolerieren. Als geduldige Mutter muss ich immer wieder
über meinen Schatten springen.

Die Auseinandersetzung mit dem vergangenen Kind-
heits-Ich fördert zutage, was die Mutter von ihrem Kind unterscheidet. Sie findet sich mit vielen ihrer Eigenschaften in ihrem
Kind nicht wieder. Der natürliche Wunsch, in ihrer Tochter ein
positives Spiegelbild zu finden, erfüllt sich nicht. Wieder steht
die Mutter allein und lernt dabei, sich von ihrem Kind zu unterscheiden. Das ist eine wichtige Erfahrung, denn sie führt zu einem authentischen Selbstempfinden der Mutter und rückt ihre
Eigenständigkeit in den Vordergrund. Ich bin, wie ich bin! Mein
Kind ist, wie es ist! Zwischen uns gibt es gewaltige Unterschiede.
Mütter in ihrem Bestreben, sich mit dem Kind total zu identifi-
zieren, vergessen das schnell. Sie meinen, nur wenn sie sich
selbst verleugnen, würden sie ihr Kind genug lieben. Aber das ist
falsch! Das Band der Liebe, das beide miteinander verbindet,
reicht aus für zwei verschiedene Wesen.

Die Liebe zwischen Mutter und schwierigem Kind wird oft über-
fordert, verschwindet für einige Zeit, scheint verloren. Manche
Mutter möchte als Ausgleich für die Probleme, die ihr Kind im
Leben hat, am liebsten immerzu aus dieser Quelle schöpfen.
Aber es gehört zu den Eigenarten dieser großen Kraft, dass sie

nicht machbar ist. Schwer ist es, in solchen Zeiten den Vorwurf des Kindes, die Mutter habe es nicht lieb, auszuhalten.

Mit der Zeit wächst das Vertrauen in das Auf und Ab der Gefühle, erneuert sich die Liebe und schenkt der Mutter die Gabe, mit ihrem Kind zu wachsen, ihre Grenzen stetig zu erweitern. Auf diese Weise entfernt sie sich von engstirnigen Denkeinstellungen und verfügt über ein kontinuierlich breiter werdendes Spektrum ihrer Lebendigkeit.

Schuldgefühle

In einer Frauenzeitschrift fand ich den Satz: »Mothers are travel agents for guilt trips!« (Ein schwer ins Deutsche zu übersetzendes Wortspiel, etwa: »Mütter sind die besten Reiseleiter auf dem Gebiet der Schuldgefühle«.) In diesen Worten finde ich mich wieder, denn sie beschreiben meine mütterliche Neigung, mich immer wieder auf die Straße der Schuldgefühle zu begeben. Allerdings wusste ich lange Jahre nicht, dass plötzlich aufsteigende negative Gefühle, die ich mir nicht erklären konnte, in den Bereich der Schuldgefühle gehören. Manchmal fühlte ich mich schlecht und hatte ein schlechtes Gewissen, wenn meinem Kind von außen ein Leid zugefügt wurde, und ich machte mir Vorwürfe, es nicht genug geschützt zu haben. Ich hatte auch den Eindruck, dass ich in diesem Zustand schnell zu einem Spielball meines Kindes wurde. Sensibel spürte es meine Schwachstellen und hatte zu solchen Zeiten ein fatales Bedürfnis, mich zu nerven. Die sonst gewohnte Toleranz war verschwunden. Konflikte warteten nur darauf, sich zu inszenieren.

In der Müttergruppe nicken alle Teilnehmerinnen zustimmend, als ich sie auf ihre *guilt trips* anspreche. Jede hat zu Hause ein Sorgenkind und kennt die Tage und Stunden, in denen sich im Kopf eine Schallplatte, die niemand gern hat, unaufhörlich dreht. Die Spuren der Gedanken scheinen vorgebahnt zu sein, die Platte ist nicht zu stoppen. Automatisch reiht sich Sorge an Sorge, und diese quälenden Überlegungen können schlagartig eine vorher gute Stimmung verändern, denn sie verengen die Optik dem Leben gegenüber. Eine der Mütter meint: »Ich fühle mich dann unten und habe das Gefühl, etwas macht mich klein. Wie wenn ich etwas angestellt hätte, etwas ganz Schlimmes verbrochen hätte.« Eine andere beschreibt diese Zustände so: »Ich leide unter diesen Gefühlen, sinke traurig in meiner Stimmung ab und stecke dann voll dunkler Ahnungen und Zweifel, bin unsicher, wie alles weitergeht. Irgendwann bemerkte mein Mann, wie sich mein Gesicht in solchen Schuldgefühlsattacken verändert. Das hat mir geholfen, denn seither habe ich es mir angewöhnt, vor den Spiegel zu gehen, um mein Gesicht zu sehen. Es klingt komisch, aber das hilft, aus dem Teufelskreis der Schuldgefühle herauszukommen. Ich bekomme auf diese Weise wieder einen Bezug zu mir. Und das macht mich stark.«

Guilt trips, das sind keine freiwillig gebuchten Ausflüge, auf die ich mich freue. Eigentlich müsste ich rufen: Halt, ich will nicht. Aber die innere Schallplatte dreht sich, dreht mich mit. Ist das Ende des Trips erreicht, fühle ich mich wieder frei und gut, atme auf. Manchmal haben solche Ich-bin-schuld-Trips konkrete Auslöser.

Susanna, deren Tochter vor einem schwierigen Übergang in eine weiterführende Schule steht, erhält eine Einladung ihrer alten Schulfreundin, sie freut sich auf die lange Fahrt dorthin, freut sich, endlich mal wieder von der Familie wegzukommen. Doch als ihre Tochter trotz allen Übens erneut mit einer ungenügenden Note im Diktat nach Hause kommt, wird ihre Freude abrupt gestoppt. Und schon fängt es an, in ihr zu denken. Die unsinnigsten Erklärungsmodelle laufen in ihr ab. Am Ende ist sie fest davon überzeugt, das Kind habe wegen ihr eine mangelhafte Leistung gezeigt, weil es die Abwesenheit der Mutter am Wochenende nicht verkraftet. Das ist der Denkzettel, denkt Susanna, das ist mal wieder der wohl bekannte Dämpfer meiner Freude. Du willst ein schönes Wochenende verbringen. Wie kannst du das wagen, wenn dein Kind traurig nach Hause kommt? Schon hat die Mutter den schwarzen Peter gezogen, sagt ihre Reise ab, denn ein ehernes Gute-Mutter-Gesetz ruft sie zur Ordnung. Wie kannst du dich freuen, wenn es deinem Kind schlecht geht?

Schuldgefühle machen klein und eng, beeinflussen auf fatale Weise Beziehungen. Die Mutter bringt ein Opfer für ihr Kind, opfert ihre Freude auf dem Altar der guten Mutter. Dabei hofft sie stillschweigend, dieser Verzicht möge sich lohnen. Aber das Kind spürt diesen unterschwelligen Wunsch, erlebt ihn als hemmend und denkt im Traum nicht daran, die Mutter zu entschädigen. Keiner spricht darüber, denn Schuldgefühle haben keine kommunikationsfördernde Wirkung. Von Zeit zu Zeit durchbrechen sie das Schweigen, entladen sich in wütenden Vorwürfen, die alle erschrecken. Ach du liebe Zeit, was habe ich nur angerichtet, denkt die Mutter, die eigentlich gehofft hat, ihr Kind möge sich endlich mal wieder von seiner angenehmen Seite zeigen. Kilometer um Kilometer steigt sie den Berg ihrer Schuldgefühle hinauf, wartet auf ein Lächeln ihres Kindes und hat nicht den Mut, darauf zu pfeifen, um sich endlich dieser Schuhe zu entledigen, damit sie sagen kann: Da kann ich nichts dafür, das ist nicht meine Schuld, wenn mein Kind in der Schule versagt hat!

In der Auseinandersetzung mit Schuldgefühlen war für mich eine wichtige Station erreicht, als ich erkannte, sie plagen mich vor allem deshalb, weil ich es nicht ertrage, dass mein Kind beeinträchtigt ist, ich seine Mängel und Schwächen weder übernehmen noch ausgleichen kann. Sein Lebenszuschnitt entspricht nicht meinen eigenen Wertmaßstäben. Damit war der springende Punkt erreicht: die Gegebenheiten meines Kindes zulassen, wie sie sind. Akzeptieren, wie stark wir beide uns unterscheiden. Aber das brauchte sehr lange, bis diese nüchterne Bestandsaufnahme mir in Fleisch und Blut übergegangen war. Solange ich auf dem Trip der Schuldgefühle war, hatte ich in einer verborgenen Kammer meines Herzens immer noch die Illusion, alles könne sich noch ändern, irgendwann würde alles besser werden für dieses Kind. Letztendlich war es die trügerische Hoffnung, mein Problemkind ummodeln zu können.

Schuldgefühle belagern das mütterliche Selbstwertgefühl. Sie kann dann nicht mehr Nein sagen, traut sich nicht, ihre Grenzen zu zeigen, übernimmt sich beim Lastentragen und bestraft sich auf diese Art und Weise. Freude darf dann nur noch gelebt werden, wenn sie im Zusammenhang mit dem Kind steht. Auf diese Weise verliert die Freude ihre Daseinsberechtigung und die Mutter ist dabei, eine wichtige Lebensenergie zu verlieren. Vielleicht sagen Freunde und Verwandte, sie trage schwer am Schicksal ihres Kindes und loben ihre Opferbereitschaft. Eine große Gefahr lauert dann, wenn nur noch Verzicht, nur noch Last den Alltag mit dem Kind kennzeichnen. Dann muss ein klares Wort von außen kommen, das die Tatsachen wieder in die richtige Relation bringt. Sie wollen auf die Reise verzichten? Das können Sie Ihrem Kind nicht antun? Ohne Ihre stützende Gegenwart geht es unter? Aber sehen Sie denn nicht, dass Sie zu stützen gar nicht mehr in der Lage sind? Sie brauchen die Zeit für sich, damit die Resignation nicht überhand nimmt. Sie haben ein Recht zu fahren!

Susanna ist gefahren. Unsicher und froh. Sie schaffte es, die Tage ohne Telefonat mit der Familie zu verbringen, kam mit neuem Schwung heim. Die Erkenntnis, es geht auch ohne mich, war wichtig und half ihr, vom Podest der Übermutter herunterzukommen. Aber nicht jede Mutter hält diese Einsicht aus, sieht beim Nachhausekommen den Fleck auf dem Teppich, macht sich gleich daran, die Waschmaschine zu beladen. Sie schüttet das Füllhorn ihrer Vorwürfe über jedes Familienmitglied und verteilt auf diesem Weg ihre eigenen Schuldgefühle. Ab sofort gehen alle wieder im Joch ihres schlechten Gewissens.

▶ Schuldgefühle finden leicht ein Bleiberecht bei Müttern, die sich selbst nichts gönnen. Sie richten sich dort ein und fressen sich rund und fett. Am Ende bleibt für die Mutter nichts mehr übrig, sie ist buchstäblich am Verhungern. Legen Sie in einer ruhigen Stunde ein Blatt Papier vor sich hin und malen Sie eine Waage mit zwei Waagschalen. Geben Sie in die eine das Gewicht, das Ihrem Kind entspricht, in die andere das Gewicht, das Ihnen entspricht. Wie sieht es aus? Spielen Sie in der Fantasie mit veränderten Stellungen, vielleicht gibt es Momente des Ausgleichs. Eine solche innere Vorstellung kann hilfreich sein, weil sichtbar wird, welche Last Sie tragen und ob die Balance zwischen Ihnen und Ihrem Kind gestört ist.

▶ Ein nüchterner Blick auf das System der Familie muss von Zeit zu Zeit sein. Malen Sie einen Kreis, der das Ganze Ihrer Familie darstellt. Teilen Sie jedem Familienmitglied den Raum ein, den es Ihrer Erfahrung nach einnimmt. Wo sind Sie? Solche Spielereien bieten eine kleine Chance, sich über die Alltagsmechanismen zu stellen, seinen Standpunkt zu kennzeichnen, zu sehen, woran es mangelt. Mit solchen Maßnahmen nähren Sie Ihr Ich und tragen dazu bei, dass Ihr Eigenwert wieder in den Blick kommt. Das mütterliche Potential scheint zwar riesig, aber es ist nicht unerschöpflich.

▶ Den Umgang mit Schuldgefühlen hat jeder von klein auf gelernt. Es ist hilfreich, sich an vergangene Situationen zu erinnern, die mit dem vernichtenden Urteil »Du bist schuld« beendet wurden. Waren Sie schnell geneigt, die Vorwürfe und die Schuld anzunehmen, einfach um wieder Ruhe zu haben? Die Bereitschaft, sich schuldig zu fühlen, wird erlernt. Schreiben Sie auf, wofür Sie früher beschuldigt wurden. Vergleichen Sie das mit der Gegenwart. Schreiben Sie einen Satz, in dem Sie ausdrücken, dass Sie nicht schuld sind an den Schwierigkeiten, die Ihr Kind hat. Lassen Sie diesen Satz an einem besonderen Platz liegen, an dem Sie immer wieder vorbeigehen. Er drückt das aus, was Ihnen die Schuldgefühle ausreden wollen.

Sag mir, wo die Väter sind

Veränderungen in der Partnerschaft

Mit diesem Kapitel erweitert sich der Rahmen, denn endlich wird von den Vätern schwieriger Kinder die Rede sein. Das Wohl eines Kindes hängt nun mal von den Personen des Systems ab, in dem es lebt. Und da nimmt der Vater eine bedeutende Stellung ein. Vielleicht schüttelt die eine oder andere Mutter den Kopf und gibt damit zu verstehen, schwierige Kinder haben im Allgemeinen keine Väter, nur Mütter. Diesen Vorwurf möchte ich nicht unbewiesen übernehmen und zunächst fragen, ob ich die Väter bisher einfach übersehen habe, weil sie einem zu vernachlässigenden Personenkreis angehören oder ob etwa andere Ursachen dahinter stecken.

Mich interessiert, ob sich die Väter hinter den schwierigen Kindern verstecken und falls ja, wieso sie das tun. Aber ich möchte auch mehr darüber erfahren, ob die Mütter die Väter überhaupt an diese problematischen Kinder heranlassen. Vielleicht entspricht es ja doch einer häufig gelebten Realität, wenn ein leidgeplagter Vater im Rückblick auf die schwierigen Jahre mit seinem Sohn sagt: »Ich hatte keine Chance, eine gute Beziehung zu ihm aufzubauen, als er noch klein war. Meine Frau war allgegenwärtig. Erst als mein Sohn in die Pubertät kam, fanden wir zueinander. Aber bis heute ist meine Frau seine Ansprechpartnerin, wenn es brennt.«

Weniger auffällige Kinder sind von Geburt an in der Lage, zu verschiedenen Bezugspersonen unterschiedliche Beziehungen einzugehen. Viele hochsensible Kinder sind dabei jedoch überfordert. Sie geraten rasch aus ihrem häufig labilen Gleichgewicht, fangen an zu weinen, als ob ihnen zu viel zugemutet wird. Die natürlichen Unterschiede, die ein Kind erfährt, wenn zwei verschiedene Menschen mit ihm umgehen, versetzen es in emotionalen Stress. Deshalb ist es verständlich, wenn viele Eltern notgedrungen dazu übergehen, dass die Mutter sich fast ausschließlich um das Kind kümmert, um ihm auf diese Weise die Erfahrung von Kontinuität zu bieten, damit sich eine schützende Struktur bilden kann.

In der Müttergruppe ist dieses Thema ein Dauerbrenner, denn der wenig vorhersehbare Entwicklungsweg eines problematischen Kindes verlangt von beiden Partnern ein hohes Maß an Engagement und Verständnis. Da in den meisten Fällen die Väter weniger Zeit zu Hause verbringen, zeigt schon ein Vergleich der Anzahl der Stunden, die jeder mit dem Kind zusammen ist, ein großes Ungleichgewicht. Auf der anderen Seite scheinen die Männer schneller am Ende ihrer Kraft als Mütter. Ein entmutigter Vater klagt über die schwierigen Anfangsjahre mit seinem hypermotorischen Sohn und meint, er sei in dieser Zeit um Jahre gealtert. In seinen Worten schwingt ein resignativer Unterton mit. Viel Trauer ist zu spüren über die für ihn verlorene Zeit seines jungen Lebens. Bis heute schmerzt es ihn, wie schnell die unbeschwerte Zeit mit seiner Frau vorbei war und durch die Geburt des Kindes gravierend verändert wurde. »Es war wie ein Schock«, erzählt er, »ein ständig schreiendes Kind im Arm halten zu müssen. Da bin ich alt geworden.« Obwohl der Sohn in der Zwischenzeit einen nie für möglich gehaltenen guten Entwicklungsweg gegangen ist, scheint die Trauer um die schwierige Zeit der Anfangsjahre immer noch präsent zu sein.

In seiner Erinnerung bedeutet die Geburt des Kindes die große Veränderung seines Lebens, die alle Erzählungen seiner Kollegen am Arbeitsplatz über die schwierige erste Zeit weit übertrifft, weil von Anfang an etwas mit dem Kind nicht in Ordnung scheint. Unsicherheit webt ein diffuses, schwer durchschaubares Netz, das dem Vater Angst macht. Gewohnt, sachlich und effizient zu arbeiten, aber durchaus sensibel für atmosphärische Trübungen, nimmt er die Veränderungen seiner Frau wahr, muss sich ernüchtert eingestehen, sich nicht mehr aufs Nachhausekommen zu freuen, denn er wird erwartet von einer Frau, die gestresst ist von einem endlosen Tag mit dem Kind und jeden Abend in das gleiche Klagelied einstimmt. Sie hält den Anblick des von außen kommenden Mannes nicht aus, beneidet ihn, weil er darf, was ihr verwehrt ist, will ihn herausreißen aus seinem männlichen Befinden, ihm die Sorge um das Kind übergeben, damit er nur endlich begreift, wie es um sie steht.

Aber er kann es nur schwer begreifen. Zwar kommt auch er in die Enge, doch steht ihm ein größeres Repertoire an Kompensationsmechanismen zur Verfügung. Wenn in vielen Märchen die Könige nach der Geburt eines Kindes die Angewohnheit haben, in den Krieg zu ziehen, so kann dies übertragen werden auf die Väter, die sich Betätigungs- und Bestätigungsfelder suchen, um sich dort fernab von den häuslichen Sorgen zu bewegen. Vielgestaltig können solche Bereiche sein, der Sportklub, eine berufliche Weiterqualifikation, die Übernahme einer Stelle in einer anderen Stadt, aber auch die Beziehung zu einer anderen Frau. Jeder Anlass, der Wohnung fernzubleiben, wird genutzt, sodass die magere Zeit der Ehepartner mit Vorwürfen angefüllt wird, das Kind zur Bedrohung wird, weil Frau und Mann von einem ungerechten Schicksal dazu gezwungen werden, eine Lebensaufgabe zu übernehmen, die ihnen den gemeinsamen Atem nimmt. Schuldzuweisungen suchen Aufhänger, sollen wenigstens für einige Stunden Entlastung bewirken. Die Mutter schafft sich Luft, wirft all ihren Schmerz, ihre Überlastung und Verletzung auf den Vater des Kindes, der sich wehren muss, weil eigentlich niemand etwas dafür kann, dass alles so gekommen ist. Spannungen wollen beide zerreißen, kosten Nerven und machen es schwer, in den nächsten Tag mit dem Kind hineinzugehen.

Es dauert lange, bis die Mutter schmerzhaft ihren Mann in seiner Verschiedenartigkeit des Umgangs mit dem Kind erkennt. Auch er leidet. Aber Männer leiden anders als Frauen. Väter leiden anders als Mütter. So scheint über dem Lebensweg von Eltern mit einem schwierigen Kind die Devise zu stehen: Lerne das Fremde zu akzeptieren, mach es dir zu Eigen, lerne es verstehen, halte die Verschiedenheit aus, werde dadurch weit in deinem Denken und Fühlen, richte dich ein im Unüblichen, habe Geduld mit dir und dem anderen.

Konfliktausbrüche zwischen den Eltern eines Problemkindes sind natürlich und können eine entlastende und reinigende Funktion haben. Wenn beide Partner über die Mauern ihrer Vorwürfe klettern, kann sich der Schmerz ausdrücken, finden die Tränen der Mutter einen Ausweg, kann sich vielleicht eine Brücke bilden. Aber das gemeinsame Konzept des veränderten Zusammenlebens muss immer wieder neu erkämpft werden.

Die Gespräche mit Vätern auffälliger Kinder machen mich nachdenklich. Auf einmal wird mir fragwürdig, ob der Vorwurf vieler Mütter, die Väter würden sich klammheimlich dünn machen, wenn es um ihre Problemkinder geht, so generell berechtigt ist. Dann steckt ja vielleicht doch eine emotionale Überforderung dahinter. Aber sofort meldet sich Widerspruch, denn den Frauen geht es doch auch nicht anders. Allerdings scheinen sie mehr Durchhaltevermögen zu besitzen. In ihnen arbeitet ein Lernprogramm, das alles daran setzt, sie mit den Qualitäten auszustatten, damit sie mit ihrem schwierigen Kind angemessen umgehen können. Geben die Väter zu schnell auf? Oder macht es ihnen unsere Gesellschaft einfach zu leicht, sich als Väter mit beruflicher Überlastung zu entschuldigen?

Das ist ein heißes Eisen, an dem sich die Partner jahrelang die Finger und den Mund verbrennen. Lena, deren Tochter auf eine Förderschule für verhaltensauffällige Kinder geht, blickt kritisch auf die ersten Jahre mit dem Kind zurück und stellt lapidar fest: »Ja, es stimmt, ich habe meinen Mann nicht an das Kind gelassen. Das klingt unsinnig, aber es war so. Auf der einen Seite habe ich unentwegt geklagt und Entlastung gefordert, doch gleichzeitig habe ich alles getan, dass er mir das Kind schnell entmutigt wieder zurückbrachte. Ich habe es ja gleich gewusst! Das waren dann meine Worte. Und er blickte mich aus traurigen Augen an. Furchtbar war diese Zeit. Ich konnte den traurigen Mann nicht aushalten und fing an, ihn zu schonen. Wenigstens einer sollte doch noch etwas zu lachen haben in unserer Familie!«

Lenas Botschaft an ihren Partner heißt: Nimm das Kind für ein paar Stunden. Kaum hat sie sich jedoch vom Kind getrennt, hört, wie ihr Mann ganz anders mit ihm spielt, als sie das tut, wird sie unsicher, bekommt Angst, das Kind komme aus dem Konzept. Und das fürchtet und kennt sie zur Genüge. Immer wenn vertraute Abläufe anders verlaufen, rastet ihre Tochter aus, ist zu keinem Spiel mehr zu motivieren, wird von zielloser Unruhe überfallen. Ihr sensibles Kind verkraftet die verschiedenen Arten des Umgangs von Vater und Mutter nicht. Deshalb sitzen die Eltern manchmal stundenlang bei Konfliktgesprächen und diskutieren die richtige Art, mit dem Kind umzugehen. Vorgaben von Ärzten und Therapeuten werden dabei meist von den Vätern wesentlich lockerer gehandhabt als von den Müttern. Diese meinen besonders in der schwierigen Anfangszeit, sie müssten diese Empfehlungen hundertfünfzigprozentig erfüllen. Solche Gespräche verlaufen immer in einer sehr angespannten Atmosphäre.

Aus Angst vor der mühseligen Auseinandersetzung in Konfliktsituationen gewöhnen sich viele Partner Überlebensstrategien an, wollen die Schwierigkeiten bereits im Vorfeld umgehen. Ihre Devise heißt: Wenn schon das Kind so viel Mühe macht, dann bitte nicht auch noch unsere Beziehung! Aber gerade die Beziehungskiste reagiert sehr sensibel auf die große Belastung durch das Kind. Für viele Ehen beginnt eine schwierige Zeit, wenn die Partner erkennen, wie stark sie sich unterscheiden in der Art und Weise, ihr schwieriges Kind zu akzeptieren.

Warum fällt es Müttern so schwer, sich zu distanzieren, den Vätern mehr Raum zu geben? Ob es damit zusammenhängt, dass sie es ja sind, die mit ihrem Kind in Arztpraxen und Wartezimmern von Therapeuten sitzen und deshalb meist den unmittelbaren Kontakt zu den Beratern haben? Es handelt sich dabei selten um Routinebesuche, denn meist müssen wichtige Ergebnisse und Fragen über den Weg des Kindes besprochen werden. Stets sind diese Besuche mit einem hohen Maß an emotionalem Stress verbunden. Viele Mütter leiden dann zu Hause darunter, dass ihr Partner nicht nachvollziehen kann, wie sie die Untersuchungssituationen erleben. Sie fühlen sich allein und auch ein Stück von ihm verlassen. Das tut weh.

Darüber hinaus kann das schwierige Kind das Beziehungsangebot der Mutter und des Vaters häufig nur eingeschränkt beantworten. Aber Vater und Mutter sehnen sich beide nach einem angemessenen Echo auf ihr Bindungsbedürfnis. Im Grunde genommen geht es in Bezug auf das problematische Kind immer wieder darum, wie Vater und Mutter – aber auch die Geschwister – mit dem nicht zu beseitigenden emotionalen Mangel zurechtkommen. Unweigerlich wird das Manko hin- und hergeschoben, verschiebt sich auf den Partner. Von ihm soll der Ausgleich kommen. Von ihm erhofft sich die Mutter die Liebe und Bestätigung, die ihr fehlt. Aber diese Rechnung geht nicht auf.

Martina, deren Tochter nach einer hochfiebrigen Infektionskrankheit an sporadisch auftretenden epileptischen Anfällen leidet, spürt einen großen Mangel und eine große Sehnsucht seit der Krankheit des Kindes. Manchmal denkt sie, sie hat etwas verloren, das vorher wie selbstverständlich da war. Was das ist? »Vielleicht bin ich einfach nicht mehr so liebenswert wie vorher. Es knallt ja auch wegen der geringsten Kleinigkeit in unserer Ehe. Und nach jedem Krach geht es mir schlecht, weil ich diesem Kind doch eine Mutter sein will, die mit seinem Vater gut auskommt.«

Wieder tauchen Gefühle des Mangels und des Nichtgenügens auf, welche die Mutter klein machen, ihr einreden wollen, sie trage die Schuld, wenn sich das Kind nicht weiterentwickelt. Am schlimmsten sind für sie die Familienfeste, wenn der große Kreis der Verwandten sich in der Wohnung aufhält und für alle sichtbar wird, wie sehr sich ihr Kind von seinen gleichaltrigen

Vettern und Kusinen unterscheidet. Auf einmal fällt die Familie mit dem besonderen Kind aus dem Rahmen der Großfamilie.

Und was macht eine allein erziehende Mutter, wenn sie in einer neuen Partnerschaft feststellen muss, ihr Kind wird zum Kuckucksei, das nicht ins neue Nest passt? Das schwierige Kind wird zu einer Hypothek, die auf der neuen Beziehung lastet. Nicht wenige Verbindungen zerbrechen daran. Zurück bleibt eine vielfach enttäuschte Mutter, die gezwungen ist, mit ihrem Kind allein weiterzuleben. Wenn das Kind nicht gewesen wäre, denkt die Mutter und entscheidet sich letztendlich für es. Manchmal wächst in Müttern nach solchen Zurückweisungen eine innere Haltung des tapferen Dennoch. Die Beziehung zwischen ihnen und dem Sorgenkind wird zu einem Schicksalsbund, in den keiner von außen hineinkommt. Beide hängen aneinander, brauchen einander.

Das bohrende Fragen nach den Ursachen

Quälend spürt die Mutter dieses Fragen, das keine Antwort findet, nicht verstummt, nicht müde wird, sich nicht beruhigt, dafür umtreibt, scheinbar autonom die Seele und den Kopf besetzt hält und keine anderen Gedanken und Regungen neben sich duldet. Ungebremst entfaltet sich die Dynamik dieses Fragens nach dem Warum. Warum ist mein Kind schwierig? Warum geschieht es gerade mir?

Immer wieder wenden sich die Gedanken den Monaten der Schwangerschaft zu. Auf diese Weise verändert sich für die Mutter diese Zeit des Wartens auf das Kind, die erfüllt war von Vorfreude, guten Gedanken, guten Gefühlen, von den Bewegungen des Ungeborenen. Jeder bewusst erlebte Augenblick der Geburt wird einer peinlichen Befragung unterzogen. Ausradiert scheint die Freude über das Kind. Es ist auf einmal so, als habe es sie nie gegeben. Stunden des gemeinsamen Glücks mit dem Kind verschwinden aus dem Erinnerungsspeicher, weil die bohrende Frage nach dem Warum alle gemeinsam erlebte Freude zerstört. Der Blick zurück, begleitet von diesem quälenden Bohren, ist destruktiv und kann gleichzeitig nicht umgangen werden. Er möchte die konkrete Ursache finden, den Aufhänger, das Signifikante, weil dann ein trügerisches Bewusstsein meint, besser zu begreifen, was geschehen ist. Aber auch, weil dann ein Äußeres zum Schuldigen und Verursacher erklärt werden kann. Fehlt dieses Äußere, weil sich nicht mehr rekonstruieren lässt, ob nun das Kind nicht genügend Sauerstoff bekommen hat während der Stunden der Geburt oder ob seine Wahrnehmungsschwäche bereits während der Schwangerschaft sich herausgebildet hat, dann fliegen Riesenschwärme dunkler Raben durchs mütterliche Gemüt und verdunkeln deren Fragehorizont. Es sind in erster Linie düstere Gedanken, denen die Mutter zum Opfer fällt. Warum gerade ich? Verzweiflung und große Gefühle der Verlassenheit werden die Begleiter solcher Fragen.

Wer religiös fühlend ist, schreit in einem ohnmächtigen Weh: Mein Gott, warum hast du mir das angetan? In solchen dunklen Stunden fällt die Mutter des auffälligen Kindes aus allen ihren tragenden Lebenszusammenhängen heraus, sitzt wie Hiob allein in ihrem Elend und fühlt sich als die vom Schicksal Bestrafte, Opfer eines unerklärlich hereinbrechenden Geschicks. Dieses Dunkel isoliert. Und es dauert, zwingt die Mutter, sich mit dieser Seite des Lebens zu konfrontieren, und dabei muss sie gleichzeitig ihre Tage mit dem Kind gestalten.

Irgendwann wird die Frage nach dem Warum leiser, bis sie endlich verstummt, weil die Kraft gebrochen ist, die sie stellt, eine zweite Frage auftaucht, die dem Schicksal des schwierigen Kindes eine andere Zielrichtung gibt. Sie wagt sich nach vorne ins Offene hinein, richtet sich in die Zukunft. Es ist das einfache Fragewort Wozu? Wozu hat mir mein Schicksal diese Aufgabe gestellt? Wozu hat mir das Leben aufgegeben, mich mit meinem Kind ins Leben hineinzuwagen?

Taucht diese Frage auf, erlebt sich die Mutter wie aus dem Gefängnis befreit. Auch wenn sie die Frage noch nicht beantworten kann, fließt ihr Atem wieder frei, weil ein erster Versuch stattfindet, Sinn zu sehen im gemeinsamen Schicksal. Kraft und Energie durchströmen die Mutter und ihr Kind. Beide wenden sich dem Leben zu. Ein langsames Akzeptieren des Unabänderlichen bahnt sich an, das die Welt wieder lebenswert macht. Die nächsten Tage werden beflügelt von dieser neuen Einstellung zum Kind und zu sich selbst. Die schwere Last auf dem Rücken der Mutter verliert an Gewicht. Sie spürt nun auch etwas von der Kraft, die ihr das Schicksal zur Bewältigung ihrer schweren

Aufgabe mitgegeben hat. Aus diesem Ja, das genährt wird von der großen Liebe zum Kind, fließt, was beide in den folgenden Jahren immer wieder bitter benötigen: die Zuneigung zueinander und das Wissen des Kindes: Auf diese Mutter kann ich bauen.

Es ist ein natürliches Anliegen, wenn Eltern schwieriger Kinder wissen wollen, wieso ihr Kind Besonderheiten und Auffälligkeiten zeigt. Für manche bedeutet es eine Entlastung, sobald sie konkrete Ursachen benennen können. Manche dieser Eltern können sich dadurch Schuldgefühle leichter vom Leib halten, während andere unablässig am bohrenden Fragen sind und die Ursachen bei sich, in der Beziehung oder im Familiensystem oder in irgendeinem irrationalen Hintergrund suchen. Was die eine Partnerschaft entlastet, zeigt bei der anderen keine Wirkung. Jeder Vater, jede Mutter muss sich mit der Frage nach den Ursachen auseinander setzen. Und es fällt vielen schwer, offen miteinander darüber zu sprechen. Oft schlummern im Verborgenen Schuldzuweisungen, mit denen niemand gerechnet hat. Der Vorwurf »Du bist schuld!« wird wie der schwarze Peter beim Kartenspiel von einem zum anderen geschoben.

Wer ist schuld? Diese Frage ist eigentlich unzulässig, denn eine mögliche Antwort löst die Probleme des Kindes nicht. Als ich begriffen hatte, wie sehr das Fragen nach den Ursachen mir meine Kraft und Zuversicht raubt, fühlte ich mich erleichtert. Mich stärkte die Erkenntnis, dass es keinen Schuldigen gibt, der Sündenbock weder in mir noch in meinem Mann steckt, auch nicht im System unserer Familie. Das war eine wichtige Station auf dem Weg, die Herausforderungen des besonderen Kindes annehmen zu können. Allerdings gab es immer wieder Zeiten, in denen ich die quälende Last unbegründeter Schuldgefühle in mir spürte.

Deshalb möchte ich der Frage nachgehen, welche Bedeutung diese Gefühle haben. Ich möchte auch wissen, wieso sie entstehen, obwohl doch niemand etwas dafür kann, dass sein Kind so ist, wie es ist.

▶ Menschen haben ein natürliches Bedürfnis, in kausalen Zusammenhängen zu denken. Alles, was geschieht, muss einen Grund haben. Nicht umsonst wollen wir den Dingen auf den Grund gehen. Mit diesem Bedürfnis, Kausalitäten aufzudecken, gehen Schuldgefühle Hand in Hand. Im Hinblick auf die Besonderheiten eines Kindes sind sie unberechtigt und unnötig, doch lassen sie sich nicht per Knopfdruck abstellen. Viele Eltern erleben ihr schwieriges Kind mit all den Problemen, die es in der Familie verursacht, wie einen Schicksalsschlag. Für sie ist es, als ob eine gewaltige Macht zugeschlagen hat. In diesem Stadium der Verarbeitung meldet sich häufig die Meinung, dieses Kind sei ein Strafe. Wieder andere sehen in ihrem Kind eine ihnen vom Schicksal oder von Gott auferlegte Prüfung. Solche Einstellungen sind meist Durchgangsstationen auf dem Weg der Auseinandersetzung mit dem Kind. An ihrem Ende steht dann vielleicht die Erkenntnis, dass die menschliche Natur vielfältige Varianten hat und unser Kind eine davon ist, die vom Üblichen abweicht. Aber es dauert oft lange, sich von den archaischen Denkmodellen der Schuld zu lösen. Zum Glück verschwinden die Fragen nach den Ursachen irgendwann. Dann haben Mutter und Vater ihr Kind akzeptiert und sagen: Das ist halt so!

▶ Das Erlebnis der Schuld kann aber auch zu anderen Antworten führen. Eine Mutter drückt es so aus: »Ich hatte oft den Eindruck, ich bin meinem Kind etwas schuldig. Das klingt vielleicht absurd, denn ich bin ja Tag und Nacht um dieses Kind bemüht. Und doch bleibt da ein ungelöster Rest. Es ist, als ob ich eine Forderung nicht vollständig erfüllen kann, eine Rechnung nicht auf Heller und Pfennig bezahlen kann. Immer bleibt eine Restschuld zurück. Ob es damit zusammenhängt, dass ich das Kind geboren habe und mir anlaste, dass ich es nicht gut genug oder ganz richtig gemacht habe? Gleichzeitig weiß ich, dass dies gar nicht in meiner Macht steht und ich mich dabei selbst überhöhen würde. Und dabei ist doch meist das Gegenteil der Fall. Wenn ich sehe, wie mühsam viele alltägliche Dinge für mein Kind sind, dann spüre ich oft Mitleid mit ihm und fühle mich schuldig. Es ist dann, als ob ich in seiner Schuld stehe.«

Wenn das Kind zur gemeinsamen Aufgabe wird

Soziologische Untersuchungen über die Scheidungshäufigkeit in Familien mit einem schwierigen Kind sind mir nicht bekannt. Wer traute sich auch, sich zu outen, gibt als Scheidungsgrund an: Ich habe dieses schwierige Kind nicht mehr ausgehalten? Wer teilt anderen mit: Ich kam mit den Veränderungen durch dieses Kind einfach nicht mehr klar? Ich musste raus aus dieser Belastung, denn ich habe mir mein Leben anders vorgestellt.

Es soll nicht verschwiegen werden, dass Partnerbeziehungen an der Bewährungsprobe, mit einem schwierigen Kind leben zu müssen, Schiffbruch erleiden können, weil Konflikte überhand nehmen, die zu einer Trennung führen. Und es soll auch nicht verschwiegen werden, dass es für allein erziehende Frauen nicht einfach ist, eine neue Partnerschaft einzugehen, wenn ein auffälliges Kind mit seinen Besonderheiten mit in die neue Beziehung integriert werden muss. Nicht wenige Frauen wollen ihrem Kind weitere Enttäuschungen ersparen und verzichten ganz bewusst darauf, ihren Status als Kleinfamilie ohne männlichen Partner zu verändern. Oft sind solche Beziehungen von einem großen Verantwortungsgefühl dem Kind gegenüber getragen. Das hindert sie vor symbiotischer Enge.

Die Landschaft der Beziehungen, in der Menschen miteinander leben, ist bunt und vielgestaltig und es gibt für ein auffälliges Kind weder die ideale Familienform noch muss das Zusammenleben mit ihm zwangsläufig auf eine Ehekrise oder Scheidung hinauslaufen. Es gibt viele Beispiele, die zeigen, wie die Verantwortung für solche Kinder die Bindung zwischen Ehepartnern festigen kann, sie zusammenschweißt im System der Familie. Dann enden die Konflikte nicht mit unüberwindlichen Gräben, sondern mobilisieren Durchhaltekräfte. Die sich wiederholende Erfahrung: Wir haben immer einen Ausweg aus unseren Tiefpunkten gefunden, führt dazu, um des Kindes willen, aber auch um der gemeinsamen Partnerschaft willen, die Struktur der Familie nicht zu verändern. In vielen Fällen wirkt die gemeinsame Bindung als Schwungrad, das beide Partner immer wieder in die Lage versetzt, ihre besondere Familienkonstellation zu bejahen. Nach den schwierigen Anfangsjahren kommt der Zeitpunkt, an dem auch die positiven Prägungen im Zusammenleben der Familie sich zeigen können. Unweigerlich gewinnen Mütter und Väter ein hohes Maß an sozialer Kompetenz, die sich auch in außerfamiliären Bereichen niederschlägt.

Eine Mutter meint rückblickend: »Ich konnte mir einfach keine Extravaganzen leisten. In den Jahren, als um uns herum im Freundeskreis viele Ehen auseinander gingen, da lebte ich wie auf einem anderen Stern. Klar, auch ich hätte mehr als einmal gerne meine Ehe aufgekündigt, hatte Fantasien, alles zurückzulassen, aber dann bekam ich so große Schuldgefühle, dass mir klar war, das würde ich nie schaffen, meinem Kind den Schutz der Familie zu nehmen. Mir war klar, unser schwieriger Sohn wäre mit dieser Situation völlig überfordert. Von daher gesehen gab es einfach Tabus für mich, die ich um des Kindes willen eingehalten habe. In gewisser Weise war unser problematischer Sohn auch ein wichtiger Bindungsfaktor. Da mein Mann bei allen Unterschieden zwischen uns an der Unauflösbarkeit unserer Ehe immer festhielt, haben uns die Erfahrungen mit Tobias auch zusammengeschweißt. Heute bin ich froh, dass wir es in vielerlei Hinsicht schwer hatten, uns voneinander zu trennen.«

Kritische Stimmen fragen, ob das gut ist, wenn in manchen Ehen die schwierigen Kinder zum Klebemittel werden, das die

Ehen weiterhin zusammenhält. Ob sich die Eltern in ihrer Verantwortung für das Kind nicht überfordern und am eventuellen Glück mit einem neuen Partner vorbeigehen? Ein Vater, der sich die Freiheit nahm, eine außereheliche Beziehung zu verwirklichen, sieht das Dilemma, in dem er lebte, so: »Es war auf der einen Seite unheimlich verlockend, die Last mit dem Jungen hinter mir zu lassen. Aber als ich anfing, meine Trennungsabsichten mit den Augen meines Sohnes zu sehen, da veränderte sich etwas in mir. Das war eine wichtige Erfahrung, mich in ihn hineinzuversetzen. Und da war klar, ich kann nicht aus seinem Leben verschwinden. Das hat es mir letztendlich leichter gemacht, mich für meine Familie zu entscheiden. Es stimmt, dieses Kind bindet uns als Partner aneinander. Am Anfang, als er klein war, kam ich mir wie in einem Gefängnis vor. Ich war froh, wenn ich unterwegs auf Montage war oder Überstunden machen konnte. Aber mit den Jahren hat mich dieses Kind verändert. Meine Kollegen sagen, ich sei weicher geworden. Das stimmt, denn mein Sohn hat mein bisheriges Leistungsdenken über den Haufen geworfen. Erst auf diese Weise habe ich sehen gelernt, was er leistet. Das ist enorm, was er gelernt hat. Aber damit fällt er durch das Raster der Normen unserer Gesellschaft. Das macht mich wütend. Und wenn ich ihn dann auf dem Sportplatz sehe, wie schnell er auf der Verliererseite ist, dann muss ich mich heute manchmal noch umdrehen. Das zu sehen, tut mir so weh!«

Wer solche Erfahrungen macht, lebt gegen den Mainstream der Gesellschaft. Auf diese Weise werden besondere Väter und Mütter geformt. Sie wachsen mit ihrem schwierigen Kind, müssen sich immer wieder nach der Decke strecken, ihre Fähigkeiten erweitern, und gleichzeitig kommen sie um die gegenteiligen Erfahrungen nicht herum, kennen Ohnmacht und

Verzagen. Aber es gelingt ihnen, mit dieser gegensätzlichen Spannung zu leben. Sie reifen an ihrer Aufgabe.

▸ Wenn Sie spüren, die Spannungen innerhalb der Familie erreichen ein fast unerträgliches Maß, dann ist es an der Zeit, dass Sie gegensteuern. Was Sie dringend brauchen, sind Leuchtpunkte am Alltagshimmel. Raus aus den vier Wänden, heißt dann die Devise. Heute tun wir uns als Ehepaar etwas Gutes ohne Kinder. Ein gemeinsames Abendessen, ein Kinobesuch, ein langer Spaziergang. Seien Sie aber nicht enttäuscht, wenn es vielleicht lange dauert, bis die stets um das Sorgenkind kreisenden Gedanken in den Hintergrund treten. Vielleicht haben Sie noch Mühe damit, sich diesen Freiraum zuzugestehen. Deshalb ist es gut, solche Stunden vorher im Kalender zu vermerken. Dann kann sich einerseits Vorfreude entwickeln, andererseits können dann Ihre Gedanken die Alltagsspuren leichter verlassen.

▸ Und wenn Sie mehr brauchen als diese kleinen Inseln, dann kann das besondere Kind für einige Tage zu einer befreundeten Familie, bei der es ihm gut geht. Das hat mir in Zeitabschnitten, in denen ich erschöpft war, am meisten geholfen. Die Aufenthalte meines Kindes auf einem Bauernhof waren wichtige Leuchtpunkte in meinem Jahresrhythmus. Endlich sich wieder ganz spüren, einen veränderten Alltag leben, die Freiheit des einfacheren Zusammenlebens ohne Schuldgefühle und aus vollem Herzen genießen. Ratsam ist es, mit dem Kind keine Telefonate zu führen. Den Abstand bewusst erleben, um sich dann nach einer oder zwei Wochen wieder auf das Kind freuen zu können. Es dann in die Arme schließen, sagen können: Jetzt bin ich aber froh, dass wir wieder beisammen sind. Und dann erfahren, wie der Alltag nach der Trennung so viel leichter fällt, weil Körper, Seele und Geist sich erholt haben. Nach solchen Zäsuren erlebte ich meine Tochter neu, denn ihr hatte der Aufenthalt in der festen Struktur eines Bauernhofes, der Kontakt mit den Tieren immer gut getan.

▶ Überlegen Sie beizeiten, wo Sie Ihr Kind hinbringen können, wenn Sie am Ende Ihrer Kraft sind. Wo in meinem Bekanntenkreis gibt es eine Familie, in der mein Kind willkommen ist? Vielleicht erleben Sie einige Absagen, die Sie schmerzen. Es dauert manchmal einige Zeit, bis sich eine solche Oase findet. Sie findet sich mit Sicherheit dann, wenn sich die Gedanken und Fantasien Raum nehmen dürfen. Vor allem aber ist es wichtig, dazu zu stehen: Ich brauche eine Auszeit!

▶ Könnten Sie sich vorstellen, wenn Ihr Kind noch klein ist, sich einen Babysitter, ein junges Mädchen zu besorgen und es auf Spaziergänge mitzunehmen? Manche Mutter staunt, wie anders ihre Ausfahrten verlaufen, wenn eine neutrale Person dabei ist. Der Teufelskreis der sorgenden Gedanken ist dann durchbrochen. Und der Babysitter bringt eine frische, unverbrauchte Energie ins Haus.

Noch einmal Mutter werden?

Freude und Sorge

Irgendwann taucht diese Frage wohl bei allen Müttern von Problemkindern auf – auch bei denen, die bereits mehrere Kinder haben. Die Erfahrungen mit diesem besonderen Kind machen es offensichtlich schwer, sich für eine weitere Schwangerschaft zu entscheiden. Eine junge Mutter, deren Tochter mit einer genetisch bedingten Erkrankung zur Welt kam, sagt recht drastisch, sie könne das Risiko, erneut ein defektes Kind zu gebären, nicht eingehen. Was sie am meisten fürchtet, sind die Reaktionen ihres Umfeldes. Sie meint, die Erkenntnisse der Genforschung würden es ihr eigentlich unmöglich machen, denn bereits jetzt muss sie sich mit ihrer Tochter immer wieder der Frage stellen: Wieso haben Sie nicht vorsorglich eine Genanalyse machen lassen? Solche Kommentare sind Ausdruck einer zunehmenden Einflussnahme der Gesellschaft, die es Müttern und Vätern schwer macht, ihre eigene Entscheidung zu fällen. In Zeiten des gläsernen Bauches brauchen sie ein gutes Stehvermögen.

Noch einmal Mutter werden? Manchmal beantwortet die Natur diese Frage mit einer eigentlich nicht beabsichtigten Schwangerschaft und für Mutter und Vater beginnen bange Monate, in denen sich immer wieder die Angst meldet, erneut ein auffälliges Kind zu bekommen. In erster Linie geht es um diese Angst. Für manche Mütter wird sie zum Alarmsignal, sie verzichten bewusst auf weitere Kinder. Anderen macht die Angst Beine, sie gehen den riskanten Weg, sehnen sich nach einem weiteren Kind und werden geleitet von dem Bestreben, es so zu lieben und anzunehmen, wie es auf die Welt kommt.

Mit zwei oder mehreren Problemkindern durchs Leben zu gehen, das scheint für Außenstehende ein Ding der Unmöglichkeit. Schnell wird vergessen, dass sich die Daseinsberechtigung eines Kindes nicht auf der Höhe seines Intelligenzquotienten oder seiner sozialen Unauffälligkeit gründet. Mütter richten sich in den Beziehungen zu ihren Kindern vor allem nach der Währungseinheit Liebe.

Ich erinnere mich gut an den Moment, als mir klar wurde, ich möchte noch ein zweites Kind. Plötzlich wusste ich die Antwort auf die mich bedrängende Not mit meinem schwierigen Kind. Die schicksalsschweren Worte des Heilpädagogen, der es getestet hatte, hallten mir noch in den Ohren. Die Lernprogramme lagen auf dem Tisch und in mir meldete sich eine Regung, die eigentlich gänzlich unpassend schien. Auf einmal war die Sehnsucht nach einem weiteren Kind da und setzte sich durch, wirkte wie ein Ruf des Lebens. Als Freunde davon erfuhren, schauten sie vorwurfsvoll, schlugen die Hände über dem Kopf zusammen, konnten nicht verstehen, wie man unter solchen Prämissen ein weiteres Kind in die Welt setzen konnte. Manche warfen mir vor, ich würde vor der Realität fliehen. Solche Worte stürzten mich in große Konflikte, denn eine innere Richterstimme wartete nur darauf, mich zu verunsichern, mir die Freude über das neue Leben zu nehmen.

Bin ich damals geflohen? Nein, nein, nein! Im Gegenteil, durch das neu in mir sich entwickelnde Kind wuchsen mir die Kräfte zu, die mich hoffnungsfroh in die Zukunft blicken ließen. Im Wunsch nach dem zweiten Kind setzte sich meine Natur durch und gab mir die Chance, wieder Mutter zu werden, wieder gebären zu dürfen. Ich würde zwei Kinder haben und freute mich über den Zuwachs, durchlebte mit dem ersten Kind die bangen Monate der Schwangerschaft, freute mich, wenn es meinen dicker werdenden Bauch betastete, das Baby auf diese Weise in unsere Beziehung mit einbezogen wurde. Ein neues Wesen war zwischen uns, nahm sich zunehmend mehr Raum, suchte seinen Namen, wurde erwartet und mit Träumen und Fantasien gut für die Welt vorbereitet. Allmählich bekam mein Leben und das meiner Familie eine neue Perspektive.

Viele Mütter bestätigen meine Erfahrungen. Auf der einen Seite erwähnen sie die Freude und große Öffnung in die Zukunft hinein, welche sich mit der neuen Schwangerschaft einstellt. Auf der anderen Seite verschweigen sie aber nicht die Angst und Unsicherheit, auch dieses Kind könne als Problemkind auf die Welt kommen. Nicht wenige Eltern verzichten ganz bewusst auf ein weiteres Kind, scheuen das Risiko, fürchten die Überforderung. Ihr bewusstes Nein zieht einen Schlussstrich unter das Kapitel Kinder. Bei manchen hatte ich den Eindruck, sie haben einfach nicht mehr genug Vertrauen ins Leben, haben auch Angst davor, die Spanne gegensätzlich gearteter Kinder gestalten zu müssen. Und würde nicht durch die Geburt eines neuen Kindes die Wunde der Enttäuschung und Trauer über das auffällige Kind wieder neu belebt?

Geschwisterbeziehungen

Ein sich normgerecht entwickelndes Kind schenkt den Eltern neue Möglichkeiten, um ihr beeinträchtigtes Selbstwertgefühl zu stabilisieren. Von dieser guten Erfahrung profitieren alle. Allerdings lernen Väter und Mütter schnell, dass im familiären Lernfeld die Schwierigkeiten im Zusammenleben nicht für alle Zeiten aus der Welt geschafft sind. Und doch sorgt das neue Familienmitglied für eine veränderte Gewichtung im familiären Gefüge. Aufatmend beobachtet die Mutter, wie sie nicht länger ausschließlich auf das besondere Kind fixiert ist, spürt ein größeres Maß an Freiheit, das ihr mehr Raum gibt, sich in beiden Kindern wiederzufinden.

Niemand will das problematische Kind durch ein neues ersetzen! Aber durch das zweite verändert sich die Sichtweise der Mutter. Endlich kann sie die Scheuklappen der Angst ablegen. War sie bisher stark von negativen Gedanken, Trauer und Ausweglosigkeit im Hinblick auf ihr Sorgenkind dominiert, können sich ihre mütterlichen Strebungen nun auf ein weiteres Kind richten. Dadurch wird ihre Gefühlslandschaft vielfältiger, was sich positiv auf das schwierige Kind auswirken kann. Seine Individualität, die sich aus vielerlei Facetten bildet, kann sich nun deutlicher entwickeln. Standen bisher die Schwächen und Mängel im Vordergrund, beginnt nun ein Prozess, in dessen Verlauf sich neue Seiten seines Wesens ausformen können.

Kinder, die mit einem Geschwister aufwachsen, das entwicklungsretardiert, chronisch krank, einfach anders ist als sie, lernen von klein auf die Welt in ihrer Ambivalenz kennen. Sie erleben mit, wie ihre Familie sich mit der beschädigten Seite des Lebens auseinander setzen muss und werden dadurch mit einer größeren Bandbreite an sozialen Erfahrungen konfrontiert. Das

Kind, das sich selbstverständlich entwickelt, erarbeitet sich seine eigene Identität in der Interaktion mit der Mutter und ihrem Partner, die im Verbund mit dem Problemkind stehen. Diese Geschwisterkonstellation muss nicht, wie Außenstehende oft meinen, mit einer Beeinträchtigung für das gesunde Kind einhergehen. Allerdings benötigt seine kontinuierliche Entwicklung Bedingungen, die einzuhalten vielen Familien Mühe macht. Sicherlich sind es diese Mühen und besonderen Anstrengungen, die oft den Blick vernebeln für die Voraussetzungen, die ein gutes Gedeihen aller Familienmitglieder garantieren. Dieser Nebel lichtet sich jedoch in dem Augenblick, in dem die Rollenzuweisungen innerhalb des Familiensystems klar und eindeutig sind. Die folgenden Ausführungen stellen ein Fazit an Erfahrungen von Müttern dar, die mit mindestens zwei sehr gegensätzlichen Kindern leben.

Klare Unterscheidungen fördern die Identität

Kinder stellen Fragen, um sich die Welt, die sie umgibt, anzueignen. Ihr gesundes Neugierverhalten stößt sie auf das, was sie noch nicht verstehen. Im Dialog mit dem antwortenden Erwachsenen bildet sich dann in ihnen eine konkrete Vorstellung, die sie in ihr Selbst- und Weltbild einordnen können. Es ist nicht immer leicht, dem fragenden Kind standzuhalten, denn oft stößt es mit seiner Frage in einen Komplex, der beim Erwachsenen Befremden auslösen kann. Nicht anders ergeht es einer Mutter, sobald eines ihrer Kinder anfängt, sich Gedanken zu machen, warum sein Geschwister nicht dieselbe schulische Einrichtung besuchen darf. Vielleicht möchte die Mutter im ersten Moment ablenken. Die Frage ist ihr unangenehm, denn sie verweist auf die großen Unterschiede ihrer Kinder und berührt gleichzeitig die Wunde, mit einem ihrer Kinder aus dem Rahmen des Üblichen zu fallen. Jetzt kommt es darauf an, dass sie ihren Schmerz nicht stumm übergeht und als diffuses Gefühl dem Kind mitteilt, denn dieses leitet daraus schnell den Schluss ab, der Mama wehzutun durch seine Frage. In Zukunft würde es solche Fragen unterlassen.

Die Situation kann jedoch anders verlaufen, sobald die Mutter Worte findet und dabei nicht verschweigt, dass es ihr eigentlich am liebsten wäre, wenn beide Kinder in dieselbe Einrichtung gehen könnten. Gut ist es, wenn sie die Gründe beim Namen nennt, die dazu geführt haben, dass das Geschwister in eine Sondereinrichtung geht. Vielleicht sagt sie: »Du weißt ja, dass dein Bruder langsamer ist als du, obwohl er älter ist, und auch noch nicht deutlich sprechen kann. Beim Laufen ist er oft sehr ungeschickt und fällt hin. Bei euch im Kindergarten könnte er sich nicht behaupten unter den vielen Kindern. Er braucht eine ganz kleine Gruppe und viel Hilfe von der Erzieherin.«

Eine solche Erklärung nennt die Fakten, die das Kind verstehen kann. Häufig geben sich Kinder danach zufrieden, bis sie irgendwann mehr wissen wollen über die Ursachen, die zu den Beeinträchtigungen ihres Geschwisters geführt haben. Wichtig ist es, wenn sie von der Mutter oder dem Vater hören, dass menschliches Leben eine große Vielfalt zeigt und die Schwächen des Geschwisters nicht die Folge eines Fehlverhaltens der Eltern sind. Nicht wenige Kinder haben Mühe mit dem Blick in die Ambivalenz der Welt, denn ihr Weltbild erhält einen Riss, der sich nicht reparieren lässt. Darüber hinaus müssen sie erkennen, dass die Macht der Eltern nicht ausreicht, den Bruder so zu machen, wie ihn alle gerne hätten. Sie sind gezwungen, Abstriche an ihrem Elternbild zu machen. Mutter und Vater sind nicht länger die allmächtigen Erwachsenen, sondern Menschen, die lernen, mit Schwächen, Unvermögen und Ohnmacht umzugehen. Doch damit kommen Kinder meist dann gut zurecht, wenn Mutter und Vater mit den Grenzbereichen des Lebens einigermaßen im Reinen sind und ihre Schwächen nicht verleugnen müssen. Alle kindgemäß formulierten Erklärungen nützen aber nichts, wenn sie nicht von einer inneren Entsprechung begleitet sind. Wenn diese fehlt, spürt das fragende Kind die Diskrepanz und gerät in die Zwickmühle der Eltern. Das kann dann dazu führen, dass es sich um seiner selbst willen vom schwächeren Geschwister distanziert. Aber dieser Schritt erfolgt nicht als Reaktion auf die Andersartigkeit des Bruders oder der Schwester, sondern auf die das Kind verwirrende nebulöse Haltung der Erwachsenen.

»Wie sieht meine Rolle aus?«

Das Kind, das nach dem besonderen Geschwister fragt, sucht gleichzeitig nach einer klaren Aussage über sich. Es tut ihm gut, wenn die Mutter seine Fähigkeiten und Fertigkeiten anerkennend in Worte fassen kann. Es tut ihm gut zu hören: Es ist mir eine Freude, dass bei dir so vieles einfach flutscht. Lobende Worte für seine Leistungen dürfen nicht unter den Tisch fallen, denn dieses Kind trägt ja zu einer Stabilisierung der ganzen Familie bei. Aber gerade in diesem Zusammenhang werden viele Fehler gemacht, denn manche Mutter, mancher Vater meint aus falschem Mitleid dem Problemkind gegenüber, sie müssten die Erfolge des anderen Kindes klein halten oder verschweigen. Die Entwicklung der nicht problematischen Kinder wird dann als so selbstverständlich angesehen, dass darüber nicht gesprochen wird.

Doch das ist falsch! Schnell können diese Kinder ins Abseits geraten. Wenn ihre Anstrengungen und Leistungen nicht gesehen werden, fangen sie an, an sich zu zweifeln, werden unsicher und meinen, irgendwie auch nicht in Ordnung zu sein. Bestenfalls treibt diese innere Not das Kind in einen Konflikt, in dessen Verlauf es wütend ausrufen kann: »Für dich zähle ich ja überhaupt nicht!« Endlich ist es heraus! Ich bin dir ja doch nicht wichtig! Deine ganze Aufmerksamkeit schenkst du dem schwierigen Bruder. Wohl der Mutter, dem Vater, die solche Sätze in ihrem Herzen bewegen können. Aber auch, wenn sie sich wütend distanzieren mit einem vorwurfsvollen »Ja, weißt du denn nicht, dass wir morgen schon wieder einen Termin beim Therapeuten haben?«, reinigt dies die Luft, und danach können sie in aller Ruhe miteinander sprechen.

»Vergiss mich nicht!«

Meist sind die ersten Jahre eines Problemkindes die schwierigen. Arztbesuche, Beratungsgespräche, Therapien reißen in den Zeithaushalt der Familie große Löcher. Das problemlose Kind passt sich scheinbar widerspruchslos ein, schielt aber doch im Verborgenen eifersüchtig auf das Geschwister, das so viel Zeit mit der Mama ungeteilt verbringen darf. Wichtig ist es, sich als Mutter immer wieder der eigenen Rolle innerhalb der Familie zu vergewissern: Wer mehrere Kinder hat, lernt, sich als Mutter sehr gegensätzlicher Kinder zu sehen, die geleitet ist von dem Wunsch, allen gerecht zu werden. Im Getriebe der Woche möchte sie sich den Luxus leisten, ab und zu auf eine Insel sich zurückzuziehen, zu der nur sie und ein Kind Zugang hat. Dann hängt an der Tür das Schild »Insel, bitte nicht stören«. Festgelegt wird, wann die einzelnen Kinder an der Reihe sind, um mit der Mutter auf der Insel allein zu sein. Solche Stunden können zu Oasen für die Mutter werden, denn Kinder fordern ja nicht nur, sondern nähren auch, wirken mit an der Stabilisierung des Kräftehaushaltes der Mutter, machen sie glücklich und froh.

Das normal sich entwickelnde Kind setzt mich als Mutter immer wieder in die Koordinaten des verlässlichen und guten Lebens. Für die Entwicklung seiner Persönlichkeit ist es daher unerlässlich, dass es in dieser Funktion von beiden Partnern wahrgenommen und wertgeschätzt wird, denn es leistet eine wichtige Ausgleichsarbeit. Auf der einen Seite identifiziert es sich mit den Eltern, auf der anderen Seite mit dem besonderen Geschwister. In vielen Familien wachsen diese Kinder in die Rolle des Vermittlers hinein und pendeln zwischen den einzelnen Beteiligten. Bei nicht wenigen solcher Kinder entwickelt sich auf diese Weise eine besondere soziale Art des Umgangs miteinander, die sie später als Erwachsene auszeichnet. Im alltäglichen Spagat des Zusammenlebens wird meist vergessen, dass von der besonderen Familiensituation mit einem gehandicapten Geschwister positive Einflüsse ausgehen können, die das ganze Leben prägen. Davon können alle Familienmitglieder profitieren.

»Ich möchte sein wie du!«

Problemkinder, die als Einzelkinder aufwachsen, erleben die Konfrontation mit der Realität anderer Kinder spätestens beim Besuch des Kindergartens. Schnell spüren sie, dass etwas anders ist mit ihnen; sie lernen zu kompensieren, mühen sich ab oder werfen erschöpft und mutlos die Bastelmaterialien in die Ecke, wenn sie sehen, wie bei den anderen Kindern scheinbar mühelos geht, was sie kaum leisten können. Schnell sind die Festschreibungen »Die können alles – ich kann nichts, die taugen etwas – ich tauge nichts!« am Werk und hemmen das Problemkind, ein gutes Selbstbild aufzubauen.

Schwer ist es für diese Kinder auszuhalten, dass sie aus dem Rahmen fallen. Groß ist ihre Sehnsucht, so sein zu können wie die anderen. Schwer ist es zu akzeptieren: Mein Bruder geht ins Gymnasium und ich muss in eine Förderschule. Scham – das Grundgefühl auffälliger Kinder – unterminiert ihren Wert. Ich möchte sein wie du, sagt das Problemkind. Diese ausgesprochene oder unausgesprochene Sehnsucht kann bei älteren Geschwistern dazu führen, dass sie versuchen, seine Defizite auszugleichen.

Eine Frau, deren jüngste Schwester in den ersten Lebensjahren große Entwicklungsverzögerungen hatte, erzählt: »Im Rückblick sehe ich unser großes Kinderzimmer vor mir, das voll war mit Lernspielen aller Art. Man stolperte förmlich darüber. Meine Mutter hatte all das angeschafft, um meiner kleinen Schwester, die nicht sprechen wollte und meist mit dem Daumen im Mund auf dem Boden lag, auf die Sprünge zu helfen. Sie hatte mich nie gebeten, ich solle mit meiner Schwester üben, aber ich fing damit an, ich musste das irgendwie tun. Heute weiß ich ganz klar, wieso. Ich habe das einfach nicht ausgehalten, dass meine

Schwester so anders war als alle anderen in der Familie. Ich konnte das einfach nicht mit ansehen, dass sie nicht konnte, was für mich und meine anderen Geschwister selbstverständlich war. Es war dieser große Unterschied, den ich nicht ertrug. Wahrscheinlich hatte ich auch Angst, ich könne auch so wie sie werden, als ob sie mich anstecken würde. Ich fühlte mich meiner Schwester gegenüber nur dadurch gut, dass ich jeden Mittag stur mit ihr eines dieser Lernprogramme trainierte. Draußen konnte die Sonne scheinen, meine Freundin warten, erst musste ich diese Pflicht tun. Ob das Schuldgefühle waren? Ich weiß nicht. Aber wichtig war es wohl, dass ich meinte, für die Familie etwas tun zu müssen, schließlich war meine Schwester so anders als wir alle. Sie war nicht ehrgeizig und leistungsbewusst. Als sie kleiner war, hatte ich Angst, die Kinder auf der Straße würden sagen, sie sei dumm. Davor hatte ich Angst und schämte mich. Ich wollte auf jeden Fall verhindern, dass meine Freundinnen sie als dumm ansahen.

Doch es ist heute nicht so, dass wir dadurch eine enge Beziehung zueinander haben. Wir sind uns fremd. Innerhalb der Familie hat sie bis heute eine Randstellung, sie meidet alle Familienfeste, ruft mich auch nie an. Das macht mir oft ein schlechtes Gewissen. Dann kriege ich immer so Anfälle von Helferitis und meine, ich müsse ihr etwas schenken. So ganz koscher sind wir uns immer noch nicht.«

Viele Geschwister auffälliger Kinder leben im Kampf mit Schuldgefühlen an zwei Fronten. Sie erleben die oft aufreibenden Interaktionen zwischen der Mutter und dem Sorgenkind aus nächster Nähe, sehen den Kummer in ihrem Gesicht, strengen sich an, ein gutes Kind zu sein, wollen beitragen zur Entlastung, bemühen sich darum, die Spannung der Gegensätze in der Familie klein zu halten. Im oben erwähnten Beispiel ging die große

Schwester der gehandicapten kleinen Schwester gegenüber in die Offensive, trug dazu bei, dass sie in dieselbe Schule konnte wie alle Kinder der Familie. Sie sollte nicht aus dem Rahmen fallen. Durch diese große Verantwortung verringerte sie gleichzeitig ihre Schuldgefühle. Ihre Worte zeigen nüchtern, wie sehr sie sich durch die Andersartigkeit ihrer Schwester auch bedroht fühlte.

Rivalitäten

Als Mutter hatte ich große Probleme damit, dass zwischen Geschwistern eine gesunde Aggressivität und Rivalität an der Tagesordnung ist. Im Umgang mit meinen eigenen Geschwistern hatte ich als Kind damit keine Mühe gehabt. Aber nun war eines meiner Kinder gehandicapt und eine Übermutter in mir meinte, dieses Kind müsse vor aller Aggressivität geschützt werden, weil sein Leben schon mal so schwer ist in dieser Welt. Wie kann ich zusehen, wenn das gesunde Kind das andere schlägt? Im Kopf weiß ich, dies ist eine alltägliche und natürliche Interaktion und fördert die soziale Kompetenz der Geschwister. Wie sollen sie sich bei anderen durchsetzen, wenn sie es nicht im Umgang miteinander lernen? Doch mein Gefühl schreit auf, wenn sich die beiden Kinder hauen. Dabei ist es die plötzlich aus dem Problemkind herausbrechende Wut, mit der es seinem Geschwister Schaden zufügt, die mir am meisten Mühe macht. Ich brauche lange, bis ich solche Szenen in meinen üblichen Kinderalltag integriert habe und dabei emotional nicht mehr ausraste.

Immer wieder geht es darum, das rechte Maß der Zuwendung zu finden. Fast zwangsläufig geschieht *overprotection*. Häufig muss ein gesundes Maß an Überbehütung auch sein, und es ist sehr schwer, sich vom auffälligen Kind zu distanzieren, weil das starke Interaktionsgefüge zwischen Mutter und Kind dies manchmal fast unmöglich macht. Nicht immer ist zu erkennen, wo Überbehütung anfängt. Nicht immer kann ich klar einschätzen, wie viel Frustration ich meinem auffälligen Kind zumuten kann. So ist es auch kein Wunder, wenn Mütter hin- und herschwanken zwischen dem Eindruck, *es kann nicht* bzw. *es will nicht*. Bei mir hat es sehr lange gedauert, bis ich begriffen hatte, dass die Grenzen zwischen dem, was mein Kind kann und nicht kann, sehr schwer zu bestimmen sind. Erst als ich seine große Abhängigkeit von seiner Tagesform, der Atmosphäre im Raum und meiner eigenen Verfassung akzeptierte, konnte ich flexibler damit umgehen. Vor allem konnte ich aufhören, vorwurfsvoll zu denken: Du kannst es doch, aber du willst es einfach nicht!

In der Auseinandersetzung zwischen den Geschwistern war dies ein häufiger Anlass für Irritationen, die zu Streitereien führten. Instinktiv meinte ich dann, das »schwache« Kind schützen zu müssen, übersah dabei, wie gezielt es seine Schwäche im Konflikt einsetzte und genau wusste, wie es die Mutter auf seine Seite ziehen konnte. Aber *overprotection* richtet das Gegenteil von dem an, was es bewirken soll. Es stärkt nicht das Kind, sondern macht es eher unsicher, denn es gewinnt den Eindruck: Meine Mutter kümmert sich deshalb so ausschließlich um mich, weil mit mir etwas nicht stimmt.

Das normal entwickelte Kind nimmt Rücksicht auf das verletzliche Geschwister und unterdrückt seine aggressiven Impulse. Es lernt, Disharmonie auszugleichen. Oft lehnen sich diese Kinder eng an die Mutter an, wollen sie schützen, sind bemüht, das gute Kind zu sein, das der Mutter keinen Anlass zu Kummer gibt. Doch gibt es auch die gegenteilige Erfahrung, dass die problemlosen Kinder sich der Mutter entfremden, weil sie den Halt in der Familie verloren haben.

Für die Mutter dreier Kinder, wovon das jüngste eine auffällige Entwicklung hat, kommt jeder Tag einem Balanceakt auf dem Seil gleich. Jeden Tag muss sie das Gleichgewicht zwischen den Kindern neu suchen. Schnell passiert es, dass vor lauter Problemkind die beiden anderen übersehen werden, die es sich angewöhnt haben, ganz unauffällig zu werden, mittags zu ihren Freunden zu verschwinden, während sie allein zurückbleibt mit dem schwierigen Kind. Anfangs dachte sie, das sei gut so. Aber dann wurde sichtbar, wie die beiden Großen regelrecht aus der Familie herausfielen. Ihre Freiräume zu beschneiden gelang erst nach vielen offenen Gesprächen. Anfangs erschrak die Mutter vor den nüchternen Antworten ihrer Kinder. Die Offenheit, mit der sie sagten, sie mögen den Kleinen nicht, wollen nicht mit ihm gemeinsam auf den Spielplatz, weil er zum Gespött der anderen wird. Der Älteste vermeidet es, seine Freunde nach Hause zu bringen aus Scham über den Bruder. Er hat Angst, in den Augen seiner Freunde an Wertschätzung zu verlieren.

Bei so gegensätzlichen Kindern steht das mütterliche Harmoniestreben jeden Tag mehr als einmal unter der kalten Dusche. Dabei wird viel Energie verbraucht. Wenn zu manchen Zeiten Kleinkriege zwischen den Kindern toben, Abneigung und Ablehnung vorherrschen, die aus den Geschwistern feindliche Einzelkämpfer machen, dann geht die Mutter am Krückstock, fühlt sich überfordert und kommt doch nicht umhin, dies auszuhalten.

Was hilft?

▶ In erster Linie ist es die Erinnerung an ähnliche Situationen, die in der Vergangenheit bewältigt wurden, die bei solchen Durststrecken unterstützen. Das Zutrauen »Das geht vorüber, denn das ist letztes Mal auch vorüber gegangen«, wird beschworen. Mir hat das Wissen geholfen, dass sich meine Hahnenkämpfer verändern können, sobald sie in ein Spiel hineingefunden haben. Wenn auf dem Fußboden die Armeen der Playmobilsoldaten aufmarschiert waren, einer königlich gekleideten Barbie gegenüberstanden, dann dauerte es nicht lange, bis Barbie Reithosen anzog, um sich ins Heer einzugliedern. Und wenn dann die Mutter bereitwillig die Rolle der zu Besiegenden annahm, kannte die Solidarität der Geschwister keine Grenzen.

Wenn die Schlacht des Tages geschlagen war und beide Kinder in ihren Betten lagen, dann nahmen Märchen die Gegensätze dieser Kinder auf, gaben ihnen die Möglichkeit, die zu ihren jeweiligen Seelenlagen passenden Identifikationsfiguren zu finden.

▶ Geschwister brauchen Vergleiche miteinander. Um ihre eigene Identität innerhalb des Systems Familie zu entwickeln, müssen sie sich voneinander unterscheiden und miteinander verbünden. Auf diese Weise gewinnen sie Selbstwert und Selbstachtung. Konflikte sind unausweichlich, wenn die äußeren Merkmale und Verhaltensweisen eines Geschwisters nicht positiv bewertet werden, wie das häufig bei auffälligen Kindern der Fall ist. Mütter müssen es dann aushalten, wenn Ablehnung und Abwertung dem schwierigen Kind gegenüber geäußert werden. Sie werden konfrontiert mit ihren eigenen Erfahrungen von Scham und Verleugnung. Das ist natürlich und nicht abnorm! Es ist gut, wenn solche Gefühle Worte finden, wenn darüber behutsam gesprochen werden kann. Die Kinder lernen auf diese Weise, mit der Angst vor dem Fremden und Anderen umzugehen. Für die ganze Familie kann diese Erfahrung zu einer Stimulanz ihres psychosozialen Wachstums werden. Aber ohne Konflikte gibt es keine Entwicklung. Es lohnt sich, diese auszufechten.

Lieblingskind und Sündenbock

Irgendwann kommt in allen Familien mit so gegensätzlichen Kindern der Zeitpunkt, an dem deutlich wird, dass auch die unauffälligen Kinder nicht automatisch funktionieren. Manchmal wird ein Unfall, eine schwere Krankheit zum Anlass des Umdenkens. Nicht wenige Mütter zählen diese Erfahrung zu den bedeutsamen, weil ihnen schlagartig bewusst wurde, dass auch dieses Kind in einer ambivalenten Welt groß wird, Leid und Schmerz ihm nicht erspart bleiben. Auf einmal richtet sich die mütterliche Sorge auf das Kind, das bisher nur Anlass für Freude war. Seine Krankheit zwingt die Mutter dazu, in ihm nicht länger das Superkind zu sehen. Beide lernen Grenzen anzuerkennen. Endlich darf das unauffällige Kind ein Normalmaß leben.

Für das Geschwister, welches bisher ausschließlich die Rolle des Sorgenkindes innehatte, tritt einerseits eine Entlastung ein, auf der anderen Seite wehrt es sich zunächst dagegen, weil die Mutter ihm nicht mehr ausschließlich zur Verfügung steht. Es bemüht sich darum, den alten Zustand wieder herzustellen, setzt seine Schwächen ein, um die Mutter zu manipulieren, reizt und nervt, wirkt schwieriger denn je und scheint nur ein Ziel zu haben, die Kraft der Mutter zu zermürben. Solche Veränderungsphasen im familiären Rollenspiel sind immer aufreibend und wichtig, schließlich werden die Rollen neu definiert. War bisher das auffällige Kind ausschließlicher Träger von Schwäche und Beeinträchtigung, erhält nun auch das andere Kind seinen ihm entsprechenden Anteil. Müsste da nicht das Problemkind vor Freude und Genugtuung jauchzen?

Wer die Frage mit Ja beantwortet, vergisst, dass diese Kinder mit allen Veränderungsprozessen Mühe haben, sich nicht organisch anpassen können und zunächst gegen die Veränderung ankämpfen, denn ihre Wachstumskräfte sind blockiert. »Die will ja gar nicht wachsen«, sagt eine entrüstete Mutterstimme in mir. »Die kann gar nicht wachsen«, erwidert leise eine resignierte Mutterstimme, bis sich am Ende die nüchterne Stimme durchsetzt und antwortet: »Hab doch Geduld, lass dem Kind Zeit. Seine Entwicklung folgt ihrem eigenen Weg.« Diese Stimme macht es möglich, zu einer inneren Haltung zurückzufinden, die geprägt ist von der sachlich bejahenden Einsicht in das Unabänderliche der besonderen Situation, mit gegensätzlich ausgestatteten Kindern zu leben.

In den Jahren, in denen die Aufgabe hart ist, wäre es schön, eine gute Fee würde ab und zu an die mütterliche Tür klopfen und den zuversichtlichen Segensspruch sprechen: »Es lohnt sich.« Aber lohnt es sich wirklich? Profitiert die Mutter, die sich dieser Herausforderung stellt? Wenn ich im Rückblick eine Antwort zu geben versuche, dann ist das gar nicht so einfach, denn wie soll ich den Ertrag messen, den ich davontrage? Habe ich profitiert von meiner Aufgabe, eine besondere Mutter für besondere Kinder sein zu müssen? Das Ja fällt mir leicht. Am meisten haben sie mitgewirkt, meine Fähigkeiten und Grenzen ständig zu erweitern, mich breit im Denken und Fühlen werden zu lassen. Zuordnungen und Festschreibungen, Normierungen und Einteilungsraster sind fragwürdig geworden. Im Vordergrund aber steht die Zuversicht ins Leben, die sich als tragfähige und verlässliche Begleiterin neben mich gestellt hat. Die vielen dunklen Stunden, in denen alles blockiert schien – und zugleich die Erfahrung, es geht weiter, ich weiß nicht wie, aber es geht weiter, es geht immer weiter, haben mich innerlich stark gemacht. Das ist reiche Ernte.

Im Blickpunkt der Gesellschaft

Unter Verwandten und Freunden

Mit diesem Kapitel erweitert sich erneut der Rahmen. Die Grenzen der Familie und des häuslichen Umfeldes werden überschritten, denn jedes Kind ist mit seiner Mutter auch Mitglied einer sozialen Gemeinschaft. Das soziale Umfeld trägt viel zu ihrem Selbst- und Weltvertrauen bei und wirkt mit an der eigenen Identität. Ich möchte herausfinden, was geschieht, sobald Mütter mit auffälligen Kindern aus der schützenden Umgebung ihrer Wohnung nach außen gehen. Mich interessieren die Erfahrungen, die sie im Umgang mit Freunden, Verwandten und Nachbarn machen.

Meine Identität als Mutter ist abhängig vom gesellschaftlichen Diskurs. Ich bin eingebunden in das Gefüge der Gemeinschaft um mich herum, das einen starken Einfluss auf mein Selbstverständnis hat. Ob ich mich als gute Mutter in dieser Gemeinschaft wiederfinde, hängt stark von den gerade herrschenden Mutter- und Frauenbildern ab. Unabhängig davon bin ich als Mutter aber auch bemüht, meinem Kind eine positive Weltbegegnung zu ermöglichen, denn ich möchte, dass es vertrauensvoll und neugierig auf die Welt zugehen kann, damit es einen wertgeschätzten Platz in der Gesellschaft findet. Sind seine Erfahrungen von Vertrauen geprägt, dann entwickelt sich ein positives Bild der Welt, das über die Erfahrungen mit der eigenen Mutter hinausgeht. Diese Umgebungsmutter beeinflusst seine Identität und wirkt gleichzeitig stabilisierend auf meinen Selbstwert als Mutter zurück.

Bei Kindern, die mit Entwicklungsauffälligkeiten durchs Leben gehen, verläuft die Phase der Welteroberung selten ohne Probleme. Zwar scheint unsere Gesellschaft auf den ersten Blick offen und tolerant zu sein gegenüber ihren gehandicapten Mitgliedern, gibt es angeblich keine Tabus mehr, weil über alles gesprochen wird. Doch auch wenn die Solidarität mit den Schwachen nicht nur in Sonntagsreden beschworen wird, sind Zweifel angebracht, ob solche Bekenntnisse tief genug gehen und sich auch in entsprechenden Alltagshandlungen niederschlagen.

Für das System einer Familie stellt die Geburt eines neuen Familienmitglieds ein wichtiges Ereignis dar. Es ist üblich, die Mutter und das Neugeborene mit besonderer Aufmerksamkeit zu bedenken. Im Vordergrund steht dabei der Wunsch, das Kind zu sehen. Viele Menschen schreiben der ersten Begegnung mit einem Neugeborenen eine besondere Bedeutung zu. Gleichzeitig danken sie durch ihren Besuch der Mutter dafür, dass sie zum Fortbestand der Familie beigetragen hat. Für die Mutter, die ein gesundes Baby zur Welt gebracht hat, führen die wohlwollenden, anerkennenden Blicke auf ihr Kind dazu, dass sie sich als kompetente Gebärerin wertgeschätzt sieht. Mit dieser wichtigen Erfahrung festigt sich ihr neues Selbstwertgefühl als junge Mutter.

Ganz anders werden diese Momente von einer Mutter und ihrem Kind erlebt, wenn dieses mit einer sichtbaren Abweichung geboren wurde. Die Besucher konfrontieren sie mit Blicken, in denen sich Enttäuschung, Sorge, Erschrecken, Angst und Befremden ausdrückt. Es fehlt ein eindeutig positives Echo auf das Kind. Die Unsicherheit der Besucher trägt dazu bei, dass sich die Mutter nicht wertgeschätzt erlebt, sich als Versagerin ansieht, weil sie der Familie kein intaktes Kind geboren hat. Schuldgefühle und Selbstvorwürfe machen es ihr schwer, sich als Mutter gut zu sehen. Und wenn ein besonders enttäuschter Verwandter offen ausspricht, was andere denken: »Wie konntest du uns das antun? In unserer Familie hat es seit Generationen nur gesunde Kinder gegeben!«, dann werden verwandtschaftliche Bande zu Stricken, die der Mutter und ihrem Kind den Lebensstart schwer machen.

Wenn der Stammbaum einen Makel aufzeigt, wird dies in erster Linie der Mutter angelastet. Zwar ist das ein archaisch anmutendes Denkmuster, aber es funktioniert bis heute. Bei Kindern, deren Auffälligkeiten erst im Laufe der nächsten Monate sichtbar werden, verläuft dieser Vorgang nicht so extrem, doch auch für sie und ihre Mütter werden Familienfeste zu Ereignissen, bei denen das Beobachten und Beobachtetwerden als Instrument sozialer Kontrolle eingesetzt wird. Die Blicke, die das Kind treffen, signalisieren ihm: So wie du bist, fällst du aus der Reihe! Und ohne etwas dafür zu können, fällt die Mutter mit aus den Reihen der Verwandtschaft.

Innerhalb der Großfamilie gibt es immer einige, die meinen, sich genau um dieses Kind und seine Mutter besonders bemühen zu müssen, und sind frustriert, weil es sich nicht ummodeln lässt. Den meisten ist anzumerken, dass sie mit der Tatsache nicht klarkommen, ein Kind am Großfamilientisch zu haben, das von ihrer gewohnten Norm abweicht. Schlimm wird es, wenn Onkel und Tanten mit scharfem psychologischem Seziermesser anfangen, die Mutter und ihren Partner zu analysieren. Dann wird die Schuld bei der Mutter gesucht und ihre Verhaltensweisen dem Kind gegenüber werden einer gnadenlosen Prüfung unterzogen, wenn die Verwandtschaft nicht akzeptieren kann, dass dieses Kind eine Herausforderung für ihre Familie bedeutet.

Viel hängt davon ab, wie ich als Mutter, ob ich nun allein erziehend oder mit Partner lebe, mit den Unsicherheiten meiner Großfamilie umgehe. Wenn ich mich anstecken lasse, die befremdeten Blicke in mir konserviere oder mich aus Angst, gekränkt zu werden, abschotte, dann können Familienbegegnungen zur Qual werden. Eine positive Veränderung lässt sich durch kleine Impulse bewirken. Ich kann mich an eine vertraute Person aus der Schar der Verwandten wenden, sie Anteil nehmen lassen an meinen Sorgen. Ein solches Gespräch entlastet und schnell spürt das sensible auffällige Kind, wie auf einmal ein wohlwollender Wind weht. Auf diese Weise sich um die guten Beziehungen im familiären System zu bemühen lohnt sich.

Wie wirkt sich das auffällige Kind auf den engen Freundeskreis aus? Viele Mütter und Väter von auffälligen Kindern klagen über die große Neigung ihrer Freunde, normale Spannungen und Schwierigkeiten ihres familiären Zusammenlebens hochzustilisieren, um darin Ursachen für Störungen des Kindes zu sehen. Das Fatale ist nun, dass Mütter und Väter von auffälligen Kindern in ihrem Selbstwert geschwächt sind und oftmals klein beigeben. Das ist verständlich, denn sie haben den Wunsch, sich mit jemandem über ihre besonderen Erfahrungen auszutauschen. Aber schnell werden sie dabei Opfer negativer Zuschreibungen und stehen in der Gefahr, dem Blendwerk einseitiger psychologischer Argumente zu verfallen, die suggerieren: Wenn du nur genug an dir und deinen Schwächen arbeitest, dann wird sich dein Kind entwickeln! Natürlich ist das Lug und Trug. Doch dieses Denken hat eine fatale Wirkung und vergrößert Schuld und Minderwertigkeitsgefühle. Im Grunde genommen zeigt sich auch hier der rote Faden, der durch dieses Kapitel im Besonderen geht: die Schwierigkeiten *der anderen*, damit klarzukommen, dass da ein Kind durch ihre Welt geht, das ihre Denk- und Erfahrungsnormen sprengt. Schlimm ist es, dass die Mutter auf diese Weise unter einen ungeheuren Druck gerät. Sie kann ihre Psyche noch so sehr auf den Kopf stellen, ihr Wesen verbiegen, die Eigenarten ihres Kindes wird sie dadurch nicht aus der Welt schaffen. Es ist, wie es ist. Und es ist doch gut, wie es ist!

In nicht wenigen Partnerschaften führen solche schmerzlichen Erfahrungen zu einem Rückzug in die eigenen vier Wände. Wenn jeder Besuch zu einer Veranstaltung wird, die den mütterlichen und kindlichen Stresspegel ansteigen lässt, dann sagen diese Partner, wir nehmen die Reduktion unserer sozialen Kontakte in Kauf und verzichten auf Besuche. Zwar wissen sie, wie wichtig gerade soziale Kontakte für das Problemkind sind, doch wollen sie nicht länger dazu beitragen, dass es in der Besuchssituation unter sein Niveau fällt. Eine Mutter erzählt: »Besuche wurden für mich nach der Geburt unserer kleinwüchsigen Tochter zur Qual. Als ich bei allem Stress dann merkte, wie ich anfing, mich für dieses Kind zu schämen und neidisch auf die Besuchskinder schaute, da war für mich klar, das tue ich mir und meinem Kind nicht mehr an.« Wozu sich exponieren? Langsam tritt die für Familien mit auffälligen Kindern typische Isolierung ein. Die Mutter opfert viele Außenkontakte, schwankt zwischen dem Wunsch, sich und das Kind zu schützen, und dem Wunsch nach Geselligkeit. Offensichtlich ist es schwer, beide Bereiche unter einen Hut zu bringen.

Im sozialen Spannungsfeld

Sobald ein auffälliges Kind den Schutz seiner Wohnung verlässt, auf Außenstehende trifft, nimmt es wahr, dass die soziale Gemeinschaft, in die es hineingeboren wurde, große Mühe damit hat, Verschiedenheit bei ihren Mitgliedern zuzulassen. Das Kind, dessen Entwicklung anders verläuft als üblich, erlebt im Umgang mit den Menschen seines Umfeldes Irritationen und nimmt Befremden wahr. Es schließt daraus: Ich bin nicht in Ordnung! Damit einher gehen Gefühle von Minderwertigkeit und Verlassenheit. Unweigerlich wird es zum hässlichen Entlein, das anders ist als die anderen, die Schwierigkeiten haben, weil sie es nicht einordnen können. Geringschätzung, Feindseligkeit, Abwertung und große Unsicherheit gehören deshalb zu seinen ersten Erfahrungen.

Da ich als Mutter aushalten muss, was meinen Kindern geschieht, gerate ich schnell in ein Dilemma. Ich möchte das Kind der Gemeinschaft präsentieren, stoße auf Missachtung und Irritation und gerate nun selbst in die Rolle der Außenseiterin, obwohl ich doch bin wie die anderen. Folge ich meinem mütterlichen Instinkt, möchte ich mein Kind verteidigen und schützen, dann gerate ich in einen Konflikt zur Gemeinschaft. Meine Kontakte zu ihr sind aber für mich lebenswichtig und ich möchte sie nicht aufkündigen. Ist es da verwunderlich, dass viele Mütter diesen Konflikt dadurch lösen, dass sie wie auf einer Insel mit ihrem auffälligen Kind leben?

Eine Mutter berichtet von ihren Erfahrungen bei einer Bahnfahrt mit ihrem hyperaktiven Jungen: »Nie werde ich diese feindseligen Blicke der Umsitzenden vergessen. Alle Versuche, den Mitfahrenden die Schwierigkeiten meines Kindes zu erklären, waren wirkungslos. Ich fühlte mich erniedrigt und gleichzeitig hochexplosiv. Aber am schlimmsten war meine Wut auf mein Kind. Nächstes Mal fahre ich mit dem Auto!« Das ist eine sicherlich Nerven schonendere Art der Fortbewegung. Die Mutter möchte bewusst die Schwierigkeiten vermeiden. Wer will es ihr verdenken? Sie hat genug davon, sich mit feindseligen Blicken auseinander zu setzen und zieht sich in den kontrollierbaren Raum des Autos zurück. Letztendlich sorgt das Gefühl der Scham dafür, dass sie sich und das Kind schützt.

Wer sich aus solchen Erfahrungen nicht verbittert oder grollend zurückzieht, sieht die Herausforderung, die es anzupacken gilt: mit dem Kind Möglichkeiten suchen, sein unangemessenes Verhalten abzutrainieren, um es vor weiteren Blamagen zu schützen. Da auffällige Kinder oft Mühe haben, die nonverbalen Signale anderer zu verstehen, ihr Mienenspiel erst lesen lernen müssen, kann ein alltäglicher Einkauf zum sozialen Lernfeld werden. Doch sind bei allem guten Willen die Grenzen des Kindes nicht völlig aus der Welt zu schaffen.

Scham, ein neues Gefühl

Scham gehört zu den natürlichen Emotionen, die im Zusammenleben einer Gemeinschaft von großer Bedeutung sind. Da Schamgefühle meist mit unangenehmen Erfahrungen verbunden sind, werden sie negativ bewertet. Ihr körperlicher Niederschlag kann sich in einem erhöhten Puls, starkem Herzklopfen oder Schweißausbruch und dem sprichwörtlichen Frosch im Hals zeigen. Wer sich schämt, der blickt meist zu Boden und vermeidet es, dem Gegenüber ins Auge zu schauen. Der natürliche Sprachfluss wirkt gehemmt und im Gesicht kann sich eine als verräterisch angesehene Röte ausbreiten, sodass nach außen sichtbar wird, was innerlich geschieht.

Mütter, die sich wegen ihres auffälligen Kindes schämen, verurteilen sich oft wegen dieses Gefühls, fühlen sich schuldig und schlecht. Eine Mutter drückt es so aus: »Ich will doch für mein Kind ein gutes Bild bei anderen Menschen abgeben. Aber kaum stehe ich mit meiner Tochter in der Schlange im Supermarkt und sehe, wie sie so distanzlos und aufdringlich auf die Menschen zugeht, sodass diese verlegen zurückweichen, schäme ich mich für dieses Kind und könnte gleichzeitig alles kleinschlagen. Es fällt mir schwer, mit ansehen zu müssen, wie sie die Abwehr der anderen nicht versteht, diese Signale missdeutet.« Was die Mutter in erster Linie wahrnimmt, ist das Befremden der Menschen über ihre Tochter, weil sie unüblich und anders als erwartet auf sie zugeht. Eigentlich könnte sie sich ja davon distanzieren und denken: Das ist das Problem meines Kindes und wenn es auf Befremden stößt, kann mich das kalt lassen. Sollen doch die Umstehenden auf seine überschießende Kontaktaufnahme verlegen und unsicher reagieren. Aber so funktioniert die Interaktion zwischen Mutter und

Kind nicht! Ohne es zu wollen, ist sie beteiligt und hält aus, was ihrem Kind geschieht.

Das Gefühl von Scham, das die befremdende Situation begleitet, ist unangenehm. Deshalb vergessen wir schnell, dass es auch eine schützende Funktion hat. Durch die Scham werde ich gezwungen, wieder auf mich zu schauen, mich nicht weiter zu entblößen. Sie zieht mich gleichsam aus der Situation heraus und wirft mich auf mich zurück. Wer mit einem auffälligen Kind an die Öffentlichkeit tritt, trifft immer wieder auf dieses Gefühl der Scham. Es weist die Mutter auf die Diskrepanz hin, die zwischen privater und öffentlicher Sphäre herrscht. Innerhalb der Wohnung hat sie wenig Anlass, sich ihres Kindes zu schämen. Aber sobald sie die Schwelle übertritt, wird das anders. Nun blicken die Augen der Gesellschaft befremdend auf ihr Kind. Ihr gutes Selbstbild stürzt zusammen, denn sie entnimmt dem Echo: Dein Kind ist nicht in Ordnung und du auch nicht! Es tut weh, in diesen Spiegel der Gesellschaft zu blicken. Sobald in meinen Gesprächen mit Müttern und Vätern auffälliger Kinder diese Erfahrung berührt wurde, war sichtbar, wie leidvoll gerade diese Auseinandersetzung ist. Niemand kommt darum herum, aber jeder bemüht sich, den Lernprozess sozialen Lernens immer wieder neu als Herausforderung anzugehen. Dabei ist es vor allem wichtig zu begreifen, dass das auffällige Kind nicht davon profitiert, wenn ihm alle Stolpersteine aus dem Weg geräumt werden. Von den Müttern verlangt dies ein sehr bewusstes Umgehen mit ihren Gefühlen, denn sie erfahren immer wieder, dass allzu viel Mitgefühl und Mitleiden die emotionale Sicherheit ihres Kindes eher bedroht als stabilisiert.

Für mich war es sehr schwer auszuhalten, wenn mein Kind auf der Straße oder auf dem Spielplatz ausgelacht oder verspottet wurde. Natürlich weiß ich, dass ein solches Geschehen eine wichtige Funktion im Prozess der Sozialisierung von Kindern hat. Doch wenn Kinder, die entwicklungsverzögert sind, aufgrund ihrer Schwäche, die sie ja nicht verändern können, ausgelacht werden, dann gerate ich auch heute noch an eine Grenze. Wenn ich Zeugin solcher schmerzhaften Ereignisse wurde, wollte ich mich am liebsten sofort auf die Seite meines Kindes schlagen, die anderen Kinder auf seine Probleme hinweisen. Gleichzeitig musste ich lernen, dass mein Kind diese Realitätserfahrung bewältigen muss, um sich in der Gemeinschaft behaupten zu können. »Lernziel soziale Erfahrung« nennt es eine Mutter nüchtern. »Ich leide furchtbar mit und stelle mich gleichsam hinter mich, um mir zu sagen: Das muss dein Kind lernen, es kommt nicht darum herum.«

In mir hatten diese Leidenserfahrungen ein Potenzial des Widerstandes geweckt. Ich wollte mich nicht zurückziehen, eher den gesellschaftlichen Ächtungen ein trotziges Nein entgegenhalten. Das verschaffte mir Durchsetzungsvermögen, um zum Beispiel bei abwertenden Bemerkungen über mein Kind auf der Straße zu kontern, etwas dagegenzusetzen. Aber gegen die stummen befremdeten Blicke war ich machtlos. Denen war ich ausgeliefert, lernte aber mit der Zeit, mir ein cooles Verhalten anzutrainieren. Innerlich geriet ich auf diese Art und Weise immer auch in Isolation.

Große Mühe machte es mir, den Zwiespalt zu überbrücken zwischen der Art und Weise, wie meine Familie mit dem schwierigen Kind umging und dem, was ich draußen erfuhr. Ohne es zu wollen, veränderte sich mein bisheriger Blick auf die Welt, erhielt neue Facetten. Das machte mir deutlich, wie sich das Bild meiner Umgebungsmutter veränderte, ich in der Gefahr stand, das Außen nur noch als feindlich zu erleben. Wie oft hatte ich Angst davor, dass mein Kind in der Öffentlichkeit auf sein Können angesprochen wird und es nicht schafft. Ich hatte Angst vor dieser Beschämung und kontrollierte, ohne es zu wollen, die Äußerungen meines Kindes, noch ehe sie ausgedrückt wurden. Den Gegensatz zwischen dem positiven, fördernden familiären Umfeld und den negativen Bedingungen einer verhindernden Umwelt habe ich stets als eine sehr große Spannung erlebt.

Was hilft?

▶ Wenn beschämende Situationen vermehrt erlebt werden, dann wirkt sich das störend auf Außenkontakte aus. Scham kann dann von lähmender Wirkung sein. Das auffällige Kind, das die Anpassungsleistung nicht erfüllen kann, gerät unter großen Druck, zieht sich zurück oder fällt total aus der Rolle. Immer wieder ist es auf die helfende Geste der Mutter angewiesen, um sich wieder in die Welt hinauszutrauen. Es sind ihre erklärenden Worte, die es als Brücke braucht. Hier wird deutlich, wie schwer der Prozess der Weltaneignung für Mutter und Kind ist, wie viel Mut immer wieder notwendig ist, um am Ball zu bleiben, nicht resigniert aufzugeben. Da aber alle Weiterentwicklung nur über die Überwindung unangenehmer Schamerfahrungen führt, können sie auch Ansporn werden. Wenn Misserfolg sein darf, dann verringert sich der Druck, und die Mutter mit ihrem auffälligen Kind geht einen guten Weg, ermutigt es. »Du bist stark, weil du immer wieder Scham und Schwäche aushalten und überwinden kannst.« Leider werden solche Leistungen in unserer Gesellschaft wenig wertgeschätzt.

▶ Manche Mütter gehen in die Offensive, gründen eine Initiative für auffällige Kinder, suchen Gleichgesinnte, schaffen sich einen Platz, um auf diese Weise zu dokumentieren: Ich bin mit meinem Kind kein Einzelfall. Wir sind viele! Ein solcher Schritt wirkt stabilisierend, weil neben die bisher oft erlebte Ohnmacht ein Gegengewicht in die Waagschale geworfen wird. Ich gehe nach außen und versuche auf die gesellschaftlichen Bedingungen meines Kindes Einfluss zu nehmen, damit es zuversichtlich in seine und meine Zukunft wachsen kann.

▶ Irgendwann war der Zeitpunkt gekommen, mich mit der Welt, so wie sie ist und wie sie meinem Kind begegnet, auszusöhnen. Auf einmal traute sich mein Humor aus dem Versteck, fing ich an, mit meinem älter werdenden Kind beschämende Situationen, in die es immer wieder hineinrutschte, mit größerer Leichtigkeit humorvoll anzugehen. Auf diese Weise konnten wir gemeinsam auch mal lachen über das, was einfach nicht klappen wollte und bei anderen Befremden auslöste. Dann waren die anderen die Komischen, spielten wir verkehrte Welt, fantasierten uns eine Gegenwelt, in der die Schwachen für ihre großen Anstrengungen ausgezeichnet werden, Missgeschicke nicht ausgelacht werden, Leistungen in den sonst nicht beachteten Bereichen gewürdigt werden. Es tat uns immer gut, an dieser anderen Welt zu bauen.

In welche Schule passt mein Kind?

Regelschule – Förderschule

Wer mit einem auffälligen Kind durchs Leben geht, erlebt manchmal Zeiten, in denen die Aussöhnung mit der bestehenden Gesellschaft einer erneuten Prüfung unterzogen wird. Dies ist stets dann der Fall, wenn es darum geht, für die weitere schulische Ausbildung des Kindes eine neue Weiche zu stellen, weil sich der Aufenthalt in der bisherigen Einrichtung dem Ende nähert und die Frage auftaucht, wo und wie es weitergeht. Schnell melden sich die bekannten Ängste, denn eine bisher stützende Struktur muss verlassen werden. Damit beginnen wieder die Sorgen, da der Besuch weiterführender Schulen an bestimmte Vorgaben geknüpft ist. Schulnoten werden sehr wichtig und stehen als Bewertungskriterien im Vordergrund. Erneut muss die Mutter eines schwierigen Kindes zugeben, dass ihr Kind – auch wenn es größer geworden ist und sich gut entwickelt – Mühe hat, sein Können unter diesen Notenbeweis zu stellen.

Wie oft bin ich innerlich Amok gelaufen gegen die starren Strukturen unseres gegliederten Schulsystems, das nach dem Prinzip der Bestenauslese funktioniert, die Leistungsstarken belohnt, die Schwachen zu Randständigen macht, die an der mangelnden öffentlichen Anerkennung ihrer Leistungen leiden. Für manche Kinder bleiben dann nur die so genannten Fördereinrichtungen übrig. Früher nannte man sie Hilfsschulen, später Sonderschulen, heute heißen sie Förderschulen. In meinen Gesprächen mit Müttern auffälliger Kinder stellten diese Bezeichnungen Reizworte dar. Plötzlich stand vielen die Enttäuschung ins Gesicht geschrieben, dass ausgerechnet ihr Kind in eine solche Sondereinrichtung gehen muss und nicht in die übliche Grundschule gehen darf. Da ich diese Enttäuschung am eigenen Leib durchlitten hatte, als Elternvorsitzende einer Sonderschule für Lernbehinderte damit konfrontiert war, möchte ich zeigen, womit diese große Enttäuschung und Kränkung der Eltern zusammenhängt.

▶ Wir leben in einer Gesellschaft, die ihr Schulsystem in Grund-, Haupt-, Realschulen und Gymnasien gliedert, den Besuch der verschiedenen Einrichtungen vom Leistungsstand eines Schülers abhängig macht. Nach außen hin wirken alle gleichwertig, doch in der Praxis gilt eine andere Wertung, schneidet zum Beispiel die Hauptschule schlechter ab als die Realschule.

▶ Für Kinder, denen aufgrund von Entwicklungsauffälligkeiten der Besuch einer dieser Schulen nicht möglich ist, wurden die so genannten Förderschulen geschaffen. Im Bewertungsmaßstab der Gesellschaft stehen sie ganz unten. Sicherlich zeigt sich in dieser Einstellung die große Schwierigkeit dieser Gesellschaft mit Schwäche und Ab-

weichung vom Gewohnten. Diskriminierende Schimpf-
wörter wie Hilfsschüler oder Dummenschule tauchen
auch heute noch auf. So ist es auch nicht verwunderlich,
dass für viele Mütter die Mitteilung, ihr Kind werde in die
Förderschule eingeschult, wie ein Schock wirkt. Anfangs
sehen sie darin eine soziale Herabstufung, wehren sich vehement bei den entsprechenden staatlichen Institutionen
dagegen und brauchen viel Zeit, um sich damit auszusöhnen.

Eine Mutter sagte: »Ich wollte meinem Sohn die Sonderschule
ersparen, hatte Angst vor dieser Schule. Niemand aus unserer
Familie war jemals in eine solche Schule gegangen. Und zu meiner Schulzeit wurden die Kinder, die dorthin gingen, von uns
Volksschülern gehänselt. Das wollte ich meinem Kind ersparen.
Ich habe mich geschämt! Wenn andere in meinem Freundeskreis über die Schulprobleme ihrer Kinder sprachen, war ich
stumm. Wen interessiert schon, wie an einer Förderschule gelernt wird?«

Da ist es also wieder, dieses peinliche Gefühl der Beschämung, auf das Mütter von auffälligen Kindern treffen, wenn es
um die Rolle ihres Kindes in der Öffentlichkeit geht. Das hat
mich an manchen Tagen zur Weißglut getrieben, wenn ich die
große Energie sah, die mein Kind Tag für Tag aufbringen musste,
um seine Handicaps auszugleichen. Das ist doch eine Leistung,
protestierte es in mir. Aber ich musste erkennen, dass jede Gesellschaft ihre Zonen für die Schwachen und weniger Leistungsstarken hat und die liegen nicht im Zentrum, sondern sind eher
am Rand angesiedelt und werden meist negativ bewertet. Mit
dieser Randständigkeit müssen sich Mütter eines Problemkindes
vielfältig auseinander setzen. Gleichzeitig wird aber in diesen

Sondereinrichtungen sehr gute pädagogische Arbeit geleistet, denn die Kinder werden dort gut gefördert. Wieder muss ich als Mutter einen Zwiespalt aushalten. Auf der einen Seite fürchte ich die Ausgrenzung meines Kindes, auf der anderen Seite sehe ich Tag für Tag, wie gut es meinem Kind tut, in einem solchen Schutzraum seinen Fähigkeiten entsprechend zu lernen. Es blüht auf, wächst und steht wenigstens dort nicht mehr im Mittelpunkt abwertender Blicke.

Eine Mutter drückte ihr Dilemma so aus: »Meine Tochter hatte in der Grundschule Schiffbruch erlitten. Es war eine Qual für dieses reizabhängige, ängstliche Kind, sich in einer Klasse von dreißig Kindern behaupten zu müssen. Viele hatten mich vorher gewarnt. Aber ich wollte nicht hören, weil ich Angst vor der alternativen Förderschule hatte. Hinterher waren meine Schuldgefühle groß und ich machte mir Vorwürfe. Heute kann ich zu dieser Schule Ja sagen.«

Begegnung mit Lehrern

Wer als Mutter ein auffälliges Kind durch seine Schullaufbahn begleitet, trifft immer wieder auf Lehrer, die Mühe damit haben, ein Kind zu unterrichten, das sich von der Mehrzahl der übrigen Schüler in seinem Leistungsvermögen und Verhalten unterscheidet. Oft sind viele Gespräche notwendig, um eine emotionale Basis für das Kind zu schaffen. Leicht geraten solche Gespräche in Sackgassen, weil unausgesprochene Vorwürfe in der Luft liegen. Ein von Lehrern häufig geäußerter Vorwurf heißt: Diese Mutter will nicht sehen! Darin verbirgt sich die Entrüstung einer pädagogischen Fachkraft, die sich auf ihr Wissen und ihre Erfahrung beruft.

Ein solcher Vorwurf erhebt gleichzeitig den Anspruch, es besser zu wissen als die Mutter. Dieser wird vorgeworfen, sie habe ein Brett vor dem Kopf und wolle nicht sehen, wie es um ihr Kind steht und was für sein schulisches Fortkommen wichtig ist. Die Personenkreise Lehrer und Mütter trennen sich damit in zwei sich gegenüberstehende Lager. Diese Mutter will nicht sehen, dass ihr Kind lernbehindert ist! Diese Mutter will nicht sehen, dass ihr Kind so leistungsschwach ist, dass es nicht dem Anforderungsprofil der Normalschule entspricht. Diese Mutter will nicht sehen, was für ein schreckliches Kind ihr Kind im Grunde genommen ist!

Durch solche Aussagen entlasten sich Lehrer, machen sich Luft, rücken ab von der Mutter mit dem auffälligen Kind, gehen in Distanz, berufen sich auf ihre Erfahrung und ihr Wissen, geben sich den Anschein, zu wissen, wieso das Kind keinen Erfolg hat, und wundern sich, wenn die Mutter ihre Tipps und Ratschläge als so wenig hilfreich erlebt. Woran liegt es, dass die Mutter scheinbar blind ist? Und wieso gelingt es Lehrern oft so wenig, die Mutter sehend zu machen?

▶ In Gesprächen zwischen Müttern und Lehrern geht es meist um Benotung, Bewertung, Leistung. Ist der Blick des Lehrers ausschließlich auf diese Bereiche gerichtet, fällt die Mutter mit dem besonderen Kind durchs Raster. Die Worte des Lehrers klingen in ihren Ohren wie eine endlose Aufzählung von Mängeln und Schwächen ihres Kindes. Sie nimmt dabei das Minderwertigkeitsgefühl ihres Kindes auf, nimmt es als ihr eigenes an, obwohl es eigentlich nichts mit ihr zu tun hat. Sie schämt sich, verstummt, kann keinerlei Bereitschaft zur Kooperation zeigen und leidet unter dem Gespräch.

▶ Lehrer blicken meist von außen auf das Kind. Ihr Blick unterscheidet sich von dem der Mutter, denn diese steht in einem vielfältigen seelischen Beziehungsgeflecht mit dem Kind, ist stets mitbetroffen. Sie kann nicht aus ihrer Haut. Es ist falsch, ihr das vorzuwerfen.

▶ In der Lehrerschelte zeigt sich gleichzeitig, wie viel Mühe Lehrer an Normalschulen mit Schwäche, Verhaltensauffälligkeiten und Lernschwierigkeiten haben. Das schwierige Kind bringt sie an eine Grenze ihres Könnens und Wissens. Sie suchen nach Auswegen, denn ihr primäres Bestreben richtet sich auf Wissensvermehrung und Wachstumsförderung. Entwicklungsverzögerungen und Auffälligkeiten bringen sie in Kontakt mit eigenen Schwächen, führen sie an Grenzen. In ihrer Ausbildung wurden sie auf diese Phänomene nicht vorbereitet. Nun schützen sie sich, indem sie die Ursachen auf die Mutter schieben, die angeblich auf beiden Ohren taub ist. Lehrer, die ihre pädagogischen Einsichten der Mutter eines schwierigen Kindes so vermitteln können, dass sie diese annehmen kann, werden in der Regelschule zunehmend wichtig. Sonst geraten diese Mütter in die Situation der Alleinkämpferin an der Schulfront.

▶ Den eindringlich musternden und tiefer gehenden Blick auf das Kind erlebt die Mutter als Entwürdigung und Entblößung. Es ist, als ob ihr und dem Kind eine schützende Hülle genommen wird. Damit verliert sie ein Stück ihrer sie bisher haltenden Struktur. Es ist sicherlich eine Frage des Taktes und der Empathie und gleichzeitig eine schwierige Aufgabe, einer Mutter in einem pädagogischen Beratungsgespräch so zu begegnen, dass sie die Sichtweise des Lehrers nachvollziehen kann und nicht blockieren muss.

Selbst wenn beide im Unfrieden auseinander gehen, ist noch nicht aller Tage Abend. Ich bin mehr als einmal aus einer Elternsprechstunde mit einem diffusen Gefühl nach Hause gegangen, fühlte mich nicht verstanden; eine große Leere und Verlassenheit waren in mir. Gleichzeitig spürte ich den Druck, ich müsse dem Pädagogen zustimmen. In einer verborgenen Kammer meines Herzens kochte Empörung und Wut, weil ich mir so hilflos vorkam. Oft konnte ich nach einem unbefriedigenden Gespräch nachts nicht schlafen. Dies war dann stets ein Signal dafür, dass ich die Dinge nicht auf sich beruhen lassen konnte. Am nächsten Tag hatte ich den Mut, um ein weiteres Gespräch zu bitten. Dieses verlief oft in einer sachlicheren Atmosphäre. Es ist wichtig, im Umgang mit der Schule seine eigene Betroffenheit nicht vorschnell zu opfern, denn die Sichtweise der Mutter und die Sichtweise der Schule sind für die Entwicklung des Kindes von großer Bedeutung. Jeder gute Lehrer weiß, wie stark er im Umgang mit auffälligen Kindern auf die Kooperationsbereitschaft der Mütter angewiesen ist.

Integrative Schulmodelle

In den letzten Jahren wurde die schulische Landschaft sehr bunt. An vielen Orten werden neue Wege beschritten, denn die derzeitige pädagogische Diskussion bevorzugt Schulmodelle integrativer Art, bei denen in eine Gruppe normal begabter Kinder einige wenige auffällige Kinder mit aufgenommen werden. Auf diese Weise soll die Ausgliederung der schwierigen Kinder vermieden werden. Oft müssen Eltern lange nach solchen Modellen suchen, denn es gibt noch zu wenige davon. Aber auch diese Suchwege führen über Tests, Untersuchungen und Überprüfungen.

Hört denn das niemals auf?, stöhnt die Mutter, nimmt ihr Kind an der Hand, erklärt ihm, wieso es schon wieder einem fremden Mann, einer fremden Frau gegenübersitzen muss. Anstrengend ist der Weg bis zur Aufnahme des Kindes in die gewünschte Schule, weil Hürden in Form von Gesetzen, Erlassen, Verordnungen genommen werden müssen. Vor allem aber wird geprüft, getestet, begutachtet, empfohlen, abgelehnt. Ein langer Atem ist wünschenswert, der Einspruch erhebt, wenn Absagen die Belange des Kindes negieren. Bei der ganzen Prozedur muss die Mutter erneut die prüfenden Blicke auf das Kind und sich aushalten. Viele Mütter bemühen sich um des Kindes willen, zu den testenden Personen ein gutes Verhältnis aufzubauen. Sie wissen, wie hoch ihre Kooperationsbereitschaft bei den Beratungsgesprächen veranschlagt wird. Aber nicht jedes Mal lässt sich das so leicht bewerkstelligen, schließlich werden bei jeder Anamnese sehr persönliche familiäre Situationen berührt, über welche die Mutter Auskunft geben soll. Aus Angst, ihr Kind könne abgelehnt werden, öffnen sich die Mütter, auch wenn es um Lebensumstände geht, die sie eigentlich vor anderen verbergen wollen. Doch in diesem Fall blendet die Mutter ihre Gefühle aus und bezahlt diesen hohen Preis. Er hat sich dann für sie gelohnt, wenn ihr Kind in die gewünschte Einrichtung gehen kann.

Beginnt nun endlich das lang ersehnte große Aufatmen? Kann die Mutter jetzt die Hände in den Schoß legen, der Schule ihren Lauf lassen? Nein, denn eine integrativ arbeitende Schule macht ihr Kind nicht schlagartig zu einem anderen Menschen. Anfangs scheint fast das Gegenteil der Fall zu sein, denn seine Schwierigkeiten treten stärker in den Vordergrund, werden von den Lehrkräften und sozialpädagogischen Mitarbeitern wahrgenommen und benannt. Beim ersten gemeinsamen Gespräch spürt die Mutter noch ein Angstgefühl im Bauch, macht aber eine ganz neue Erfahrung: Sie lernt Menschen kennen, die ihr Kind in einer für sie neuen Sprache kennzeichnen. Niemand wertet die Auffälligkeiten ihres Kindes ab. Es wird geachtet und ernst genommen, seine Mängel werden nicht beschönigt, es wird beschrieben, wie es ist. Ja, auch in der neuen Klasse wirft es nach wenigen Minuten den Stift aus der Hand, läuft zum Fenster, schubst andere, stört sie beim Schreiben, redet, wenn es den Mund halten sollte. Bisher war die Mutter gewohnt, dass solches Tun schlecht war, verurteilt und nicht geduldet werden konnte, weil es aus dem Rahmen der Schulerwartungen fiel. Aber hier wird nicht sanktioniert, beschimpft oder bestraft. Das Kind wird wahrgenommen mit seinen Besonderheiten und ganz langsam beginnt der mühselige Prozess einer Korrektur.

Endlich kann die Mutter sich innerlich aufrichten, denn ihr Kind wird angenommen, wie es ist. Die Lehrer, die mit ihm zusammenarbeiten, vertrauen auf sein Wachstum und den Einfluss ihrer förderlichen Begleitung. Die vielen Beratungsgespräche in der Schule werden auf diese Weise zu einem neuen Feld des ge-

genseitigen Austausches. Endlich sitzt die Mutter über eine längere Zeitdauer denselben Menschen gegenüber. Endlich fühlt sie sich nicht mehr allein gelassen. Endlich hat sie ihre Außenseiterposition verlassen können. Mit dieser Erfahrung wird ihr Leben leichter. Das Kind hat seinen Platz gefunden und diese Tatsache setzt Mut und Zuversicht frei.

Für manche Mütter beginnt nun eine Phase, in der sie sich verstärkt ihren Wünschen und Bedürfnissen zuwenden. Der neue Freiraum wird gefüllt mit eigenen Aktivitäten. Nun fällt es auch leichter, sich abzugrenzen, weil Mutter und Kind unabhängiger voneinander werden. Waren sie bisher oft symbiotisch verschmolzen, gingen wie unter einem sie einzwängenden Joch, ordnet sich jetzt ihre Beziehung zueinander neu. Langsam wächst die Sicherheit des Kindes, kann die Mutter sich einüben, ihrem Problemkind einen größeren Rahmen zu überlassen. Das gegenseitige Loslassen zeigt erste Früchte.

Ablösen und Älterwerden

Wohin mit der Wut?

Größer werdende Kinder mit Auffälligkeiten geraten in stärkerem Maße als zuvor an Lerngrenzen. Der schützende Rahmen der Familie gilt nur noch wenige Stunden am Tag. Dafür stehen die Kinder unter dem Druck schulischer oder sozialer Erwartungen, mit dem Schritt zu halten sie große Mühe haben. Im Gegensatz zu den nicht auffälligen Kindern müssen sie immense Leistungen, die niemand sieht und anerkennt, erbringen, um sich sozial innerhalb eines Klassenverbandes oder in anderen Gruppen behaupten zu können. Auf der einen Seite stehen sie unter der ständigen Anspannung, ihren Mangel zu verbergen, strengen sich über die Maßen an; auf der anderen Seite spüren sie ihre Leistungsgrenzen, ihr Nichtkönnen, das sich nicht verändern lässt. Tag für Tag sind sie mit Kindern zusammen, denen mühelos gelingt, was ihnen schwer fällt oder nicht gelingt. Solange sie in der Öffentlichkeit der Schule sind, reißen sie sich zusammen, passen sich an. Aber kaum sind sie zu Hause, fällt die Maske der Selbstbeherrschung in sich zusammen, drängen plötzlich Affekte der Wut nach außen. Zielscheibe dieser Wut, die mit vehementer Wucht aus ihnen herausbricht, ist meist die Mutter. Auf ihre Person entlädt sich, was draußen nicht sein darf. Diese Wut ist ein Produkt all der vielen Enttäuschungen und Verletzungen, die das gehandicapte Kind Tag für Tag im Zusammenleben mit anderen erfährt. Es ist gut, wenn sich diese Wut äußern darf, das Kind sie nicht gegen sich richtet in Attacken der Selbstzerstörungswut.

Anfangs hatten mich diese plötzlichen Wutausbrüche geängstigt. Ich fühlte mich hilflos und litt mit meinem größer werdenden Kind, wenn es von dieser Kraft gepackt und überwältigt wurde und sein Zimmer verwüstete. Seine Welt geriet ins Wanken, und es fand keine guten Worte mehr für sich und sein Leben. Nichts war mehr gut, alles wurde mit Füßen getreten. Erst wenn am Ende Tränen fließen konnten, hatte die Wut sich erschöpft. Die Dynamik war ausgelaufen wie eine Welle am Strand. Irgendwann hatte ich begriffen, dass dies ein natürliches Geschehen ist, weil die Welt sich meiner Tochter nicht so präsentiert, wie es gut wäre, sie vielmehr immer wieder auf ihre Einbußen verweist. Meist waren es nichtige Dinge, welche die Wut zum Kochen brachten.

Geholfen hat mir mein Gespür, dies nicht als abnorm zu bewerten, denn mein Kind litt an seinem Anderssein, erlebte Frustrationen und Verletzungen, die sich in seiner Seele ablagerten. Irgendwann war alles zu viel, musste nach außen, die Last war zu schwer geworden. Aber ich musste mich deswegen nicht angegriffen fühlen, denn die Wut hat nichts mit mir zu tun. Ich lernte mein Kind verstehen. Aber ich habe gelitten, stand gleichzeitig einige Schritte hinter mir und ließ mich nicht packen von dieser wütenden Kraft, ich hielt ihr stand. Gemeinsam standen wir den Wutausbruch durch, räumten danach das Zimmer auf, atmeten auf. Es war vorbei. Gute Gedanken und Worte hatten wieder Platz. Oft ergaben sich in der gereinigten Atmosphäre wichtige Gespräche. Ich hatte große Achtung vor der Leistung meines Kindes, das am nächsten Tag sich der Welt, wie sie ist, wieder anvertraute.

Manchmal wünschte ich, mein Kind würde mit einer anderen Person seine Wutattacken ausagieren. Doch das funktioniert nicht, denn als Mutter eines besonderen Kindes bin und bleibe ich die sicherste Person in seinem Leben. Meine Gegenwart ermöglicht dem Kind, sich diesen unangenehmen Gefühlen zu stellen. Gleichzeitig suchte ich nach Möglichkeiten, den Selbstwert meines größer werdenden Kindes zu stärken, und wurde zum Glück auch fündig. Ich erkannte seine große Naturliebe, erlebte, wie gut ihm Berührung mit der Natur tat. Wie ausgewechselt war es dort, wirkte entspannt und zufrieden. Bei Aufenthalten in der Natur spürten wir beide, dass um uns herum eine gute mütterliche Naturkraft wirkt. Von solchen Aufenthalten kam ich jedes Mal an Leib und Seele gestärkt nach Hause.

Zum Glück gibt es Tiere

Begegnungen guter Art erfährt das problematische Kind ohne Einbuße im Umgang mit Tieren. Dort entsteht eine Gegenwelt, weil bei den Tieren nicht abstraktes Denken, Konzentrationsfähigkeit oder die Beherrschung von Kulturtechniken zählen. Das Kind darf bei ihnen sein, wie es ist.

Das Kind, das sich sonst nur schwer ohne den Blick auf die Mutter von ihr entfernen kann, verliert alle Angst und Scheu, sobald es im Stall steht, umringt von vielen wiederkäuenden Kühen, die es aus ihren großen Augen gutmütig anglotzen. Die Stille des Stalls, das gleichmäßige Mahlgeräusch der Kühe tut gut. Das Kind holt Heu und Gras, füttert seine Kühe, wird zur Bäuerin, die sich ein Kopftuch umbindet, streichelt über dicke Kuhbäuche, verjagt Mücken, spricht zu den Tieren, fühlt sich verstanden, wird nicht müde, weint am Abend, wenn es sich von den Kühen verabschieden muss. Mutter und Kind atmen im Rhythmus der Tiere im Stall, spüren die gute Gegenwelt, nehmen einen Bund Heu mit nach Hause, um den Geruch der Akzeptanz auch dort um sich zu haben.

Mein Kind lernt reiten und ich staune und freue mich an der Sicherheit und Selbstverständlichkeit, mit der es auf dem großen Tier sitzt. Im häufig belasteten Alltag wird der Reitnachmittag zu einem kontinuierlichen Ereignis. Wenn am Montag Reiten ist, dann hat die Woche eine Ausrichtung. Meine Schultern fühlen sich leichter an, denn ich sehe, wie sich mein Kind entspannt im Kontakt mit dem Pferd. Hoch auf dem Ross sitzend, die Reiterkappe auf dem Kopf, die Zügel in der Hand, so zeigt sich mir meine heranwachsende Tochter. Ich lerne sie neu kennen; sie ist in der Gruppe der Mitreiter glücklich, bestätigt und akzeptiert.

An diesem Tag öffnet sich auch für mich eine Tür. Während das Kind in der großen Reithalle seine Runden mit dem Pferd dreht, gehe ich im Wald spazieren, vergesse den Alltag. Meine Gedanken fliegen mit den Vögeln, der Wald schenkt ein Gefühl der Geborgenheit. Die Hinwendung zu Mutter Natur hilft uns beiden. Verbunden mit ihrem Energiefluss, jenseits von Zivilisationsnormen, spüren wir: Das Leben hat uns nicht im Stich gelassen.

Meine positiven Erfahrungen bestätigen sich in den Gesprächen, die ich mit Müttern auffälliger Kinder hatte. Sobald ein eigenes Haustier in der Familie war, blickten die Mütter weniger sorgenvoll auf den sich vergrößernden Aktionsradius ihres Kindes. Der Hund, das Meerschweinchen, der Hamster oder die Katze werden zu einem wichtigen Begleiter des heranwachsenden Kindes. Der Kontakt mit ihnen befreit offensichtlich vom Stress und Frust, der in der Außenwelt erlebt wird. Zweifelsohne bewirken Haustiere bei diesen Kindern und ihren Müttern ein vermehrtes Maß an gemeinsamen guten Erfahrungen. Was in der alltäglichen Interaktion oft nur schwer vermittelbar ist, gelingt mithilfe des Co-Therapeuten Haustier leichter.

▶ Im verantwortungsvollen Umgang mit einem Tier lernt das auffällige Kind, Signale zu verstehen, ohne dass es bei unangemessener Reaktion ausgelacht wird. Es kann sein Verhalten besser steuern, weil es nicht mit Beschämung rechnen muss. Das Tier nimmt die Gefühle des Kindes auf und trägt zum Abbau von Stress bei. Auch sehr unruhige Kinder wirken nach einiger Zeit entspannter. Diese positive Befindlichkeit überträgt sich auch auf anschließende Aktivitäten.

▶ Innerhalb der Familie wird das Tier zum Anlass vielfältiger Interaktion. Blockierungen und Nullbock-Stimmungen lassen sich über Tiere leichter überwinden als durch direktes Ansprechen. Auf diese Weise stabilisieren Tiere das Lebensgefühl, denn sie bieten Anlass zum Lachen, Spielen und Sprechen und erwarten kein bestimmtes Wohlverhalten. Kinder mit Anpassungsschwierigkeiten erleben dann, dass sie stimmen. Diese Bestätigung durch das Tier überträgt sich ohne Worte und tut einfach gut.

▶ Das auffällige Kind trifft im Tier auf das Naturhafte, das ihm vertraut wird, aber auch auf das Andersartige und Fremde. Diese Begegnung geschieht durch große Nähe und Zuwendung und stellt ein Korrektiv dar zu den oft enttäuschenden Begegnungen mit dem Anderen in der Alltagswelt von Schule oder Beruf. Das Tier ist einfach da, hört zu, hat Zeit und spiegelt das Kind auf positive Weise wider.

▶ Die Kontakt stiftende Rolle eines Tieres ist für schwierige Kinder eine große Hilfe im Prozess, sich in der Außenwelt zurechtzufinden. Mit dem Hund an der Seite erntet es andere Blicke, als wenn es allein unterwegs ist. Darüber hinaus sorgt das Tier für raschen und meist wohlwollenden Kontakt mit anderen.

▶ Das schwierige Kind, das mit zunehmendem Alter ein stärkeres Bewusstsein für seine Schwäche und Grenze entwickelt, erlebt im Gegenüber des Tieres ein schwächeres Lebewesen. Diese Erfahrung hilft dabei, seine eigenen Grenzen als natürlich zu sehen. Fürsorge, Liebe und Achtung zu sich und seiner Natur wachsen über die Jahre des Zusammenlebens mit einem Tier. Zurücksetzung oder Demütigung gibt es in dieser Beziehung nicht.

▶ Dieser positive Einfluss eines Haustieres auf ein schwieriges Kind wirkt sich auch auf die Befindlichkeit der Mutter aus. Zwar machen Tiere auch Schmutz, doch überwiegen eindeutig ihre Vorteile. Wenn ich zusammen mit meinem Kind dem Hund über die Wiesen nachjagte, war Fröhlichkeit angesagt, verschwand die Anspannung. Das Leben machte einfach wieder Spaß. Als mein Kind heranwuchs, seine Ausgehzeiten länger wurden, fühlte ich mich sicher, wenn anfangs bei solchen Aktivitäten der Hund sein Begleiter war. Auf diese Weise vergrößerte sich behutsam das soziale Feld, in dem es sich behaupten musste.

▶ Oft hatte ich den Eindruck, dass gerade die Kinder, welche von der Natur benachteiligt auf die Welt kommen, ein großes Nachholbedürfnis an Naturerlebnissen haben. Instinktiv spüren sie, was ihnen mangelt und gut tut, und können auf diese Weise ihre tiefe Verwundung überwachsen.

Zeiten des Übergangs

Langsam wird deutlich, dass aus dem ehemals auffälligen Kind ein junger Erwachsener geworden ist, dessen Streben nach Selbstständigkeit zugenommen hat, der sich von der Mutter zunehmend mehr absetzen möchte. Oft beginnt mit dem Ende der Schulzeit oder dem ersten Arbeitsplatz ein Einschnitt. Davon soll die Rede sein. Im Mittelpunkt steht die Frage: Wie kann aus einer so engen Wechselbeziehung wie der zwischen Mutter und auffälligem Kind eine neue, freiere Form entstehen? Wie können zwei Menschen, die jahrelang so eng aufeinander bezogen waren, unabhängige Personen werden? Es geht also darum, die Bewegung des Auseinanders zu beschreiben. Ablösung, Abnabelung, Flüggewerden. Wie kann das gelingen? Wie kann sich eine Mutter von ihrem Sorgenkind lösen? Unterscheiden sich diese Ablöseprozesse von denen anderer Jugendlicher? Die folgenden Erfahrungen von Müttern, deren Kinder flügge wurden und ihren Platz in der Gesellschaft gefunden haben, geben einen ersten Einblick.

Stefanie hat Schwierigkeiten mit dem Eigenständigwerden ihrer Tochter. Sie meint, sie habe das Mädchen so stark in sich drin, dass ihre Gedanken und Gefühle nicht aufhören, um sie zu kreisen. Wie bekomme ich dieses ehemalige Sorgenkind aus mir heraus?, fragt sie sich, während sie versucht, ihr Leben neu zu ordnen, nachdem die Tochter ihren ersten Arbeitsplatz gefunden hat. »Ich habe Mühe damit, mir mein eigenes Leben neu aufzubauen. Das macht mich oft ganz mürbe, denn in der Fantasie hatte ich mir das einfacher vorgestellt. Ich hatte gedacht, die Tochter ist aus dem Haus, verdient ihr eigenes Geld, lebt allein und selbstständig in ihrer Wohnung und ich fühle mich wie befreit. Aber das Gegenteil ist der Fall. Ich fühle mich unendlich leer und ausgepowert. Ich muss erst wieder lernen, alleine etwas zu unternehmen. Da krieg ich die Krise, wenn ich merke, was ich in den Jahren der Sorge um das Kind alles verlernt habe. Ich war so total in meinem Einsatz für dieses Kind, dass ich es mir wahrscheinlich noch gar nicht zugestehen kann, was ich nun darf. Wir waren ein so eng aufeinander eingespieltes Paar. Das zeigt sich heute noch, wenn sie ausspricht, was mir gerade im Kopf ist oder umgekehrt.«

Der Vorgang der Ablösung voneinander verlangt viel Geduld und braucht Zeit. Gleichzeitig meldet sich bei dieser Mutter aber auch Stolz, weil das ehemals so schwierige Kind nun als Erzieherin arbeitet und gut mit Kindern umgehen kann. Das gibt der Mutter eine große Genugtuung; die Anstrengungen haben sich gelohnt. Aber gleichzeitig mobilisiert sich Abwehr, wenn sie von ihrer Tochter auf die Schwierigkeiten der Kindheit angesprochen wird. »Darüber zu sprechen, das fällt mir sehr schwer. Ich bin da irgendwie noch zu stark drin.«

Eine andere Mutter denkt ungern an die Zeiten der Auseinandersetzung während der Pubertät. Zwischen der Tochter und ihr tobten heftige Kämpfe. Sobald sie zusammen in einem Raum waren, knallte es. Ihre Beziehung war ein hochexplosives Gebilde geworden. Nie hätte sie gedacht, dass die Ablösung voneinander so dramatisch verlaufen würde. Als die Tochter ihre erste Stelle als Sprechstundenhilfe antrat, brach für die Mutter eine als euphorisch erlebte Zeit der Freiheit an. Doch als die Tochter keine Freunde fand, neidisch auf andere schaute, machte sie die Mutter zum Sündenbock für ihre Schwierigkeiten. Diese hatte den Eindruck, die Vergangenheit hole sie wieder ein. Vom neuen Freiheitsgefühl war nichts mehr übrig geblieben. Plötzlich kam die schreckliche Vorstellung, dieses erwachsene Kind würde ihr ein Leben lang eine Last sein. Dagegen setzte sie sich zur Wehr. »Wir kämpften gegeneinander, waren enttäuscht voneinander, ließen kein gutes Haar aneinander und allmählich begriff ich, das gehört zu unserer Art der Ablösung, das ist normal und nicht abnorm.« Über diese harten Auseinandersetzungen veränderte sich langsam die langjährige enge Beziehung zwischen Mutter und Tochter. »Aber ich litt doch auch sehr unter der Leere, die meine Tochter im Alltag hinterließ. Sie war ja zentraler Bestandteil meines Lebens gewesen und ich hatte verlernt, mich als Einzelwesen zu sehen, meine Bedürfnisse gingen in ihren auf. Ich musste erst wieder lernen, alleine ins Kino zu gehen, mich nicht um die Freizeit meiner Tochter zu kümmern, aufhören, Fragen zu stellen, sie ihren Weg gehen lassen. Es tut mir sehr weh zu sehen, wie schwer ihr die Kontaktaufnahme mit Gleichaltrigen fällt, wie stark sie doch unter Minderwertigkeitsgefühlen leidet, sich mit anderen vergleicht und sich abwertet. Schwer zu ertragen war die Erkenntnis, sie nicht mehr vor Fehlern schützen zu wollen. Wenn sie Mist baut, muss sie die Folgen tragen. Das sagt sich so leicht. Ich spüre sofort, wenn sie in Not ist, dann habe ich schlaflose Nächte und kreise nur um die schreckliche Vorstellung, sie wird scheitern im Leben. Wir sind gefühlsmäßig bis heute eng verbunden, auch wenn wir durch viele Kilometer getrennt sind. Oft sitze ich in der Mitleidsfalle, dann fängt das alte Muster wieder an, sie übermäßig zu bemuttern. Wenn es dann wieder zum Krach kommt, bin ich fast froh, weil wir beide auf diese Weise wieder unser Revier abstecken. Aber es dauert, bis jede den Raum hat, den sie braucht.«

Es gibt kein Rezept für diese Phase der Ablösung. Jede Mutter erzählt eine eigene Geschichte.

Noras Sohn fand eine Arbeitsstelle bei der Polizei in einem Ort, der weit von zu Hause entfernt war. Er wohnte bei einem

Verwandten, es ging ihm gut. Er wollte keinerlei Kontakt mehr mit der Mutter, rief nicht an, schrieb nicht, ignorierte sie. Anfangs konnte sie dies nicht akzeptieren, denn er fehlte ihr, sie hatte Heimweh. »Wir waren ja so ineinander verwachsen, ich war es so gewohnt, mit ihm zu fühlen, für ihn zu denken, ihn zu unterstützen. Und nun war das schlagartig vorbei.« Nora machte Wochen großer Trauer durch und wusste nicht, wie sie die Leere füllen konnte. Irgendwie stimmte ihr Leben nicht mehr. Als Alleinstehende litt sie unter der abrupt erfolgten Trennung, der Stille in der Wohnung. »Bei unserem ersten Zusammentreffen standen wir uns sehr fremd gegenüber. Mein Sohn hatte sich verändert, er wollte am liebsten mit niemandem zusammentreffen, der ihn aus seinem früheren Leben als schwieriges Kind gekannt hatte. Die ersten Jahre seines Lebens hätte er am liebsten ausradiert. Das zu verstehen macht mir große Mühe, aber auf der anderen Seite bin ich dadurch gezwungen, mich wieder mehr um mich zu kümmern. Im Grunde meines Herzens bin ich so froh, dass er sich im Beruf behauptet und seinen Weg geht. Das hätte ich früher nie für möglich gehalten. Nun ist es Alltag. Aus dem einst auffälligen Kind ist ein liebenswerter junger Mann geworden!«

Zeiten des Übergangs haben es in sich. Bei aller Freude über die Öffnung des Neuen melden sich Unsicherheiten, denn es ist ja nicht sicher, ob das ehemals schwierige Kind als junger Erwachsener sich an der Arbeitsstelle bewähren wird. Je näher der Termin rückte, an dem die Schule für Martinas Sohn zu Ende ging, fing es in ihr wieder an zu sorgen, hatte sie wieder die Schürze der Übermutter an, meinte, sich bei allen Vorstellungsgesprächen einmischen zu müssen, wollte auf das ehemals schwierige Leben ihres Sohnes hinweisen und hatte wenig Zutrauen im Hinblick auf seine berufliche Zukunft. Wie sollte das gut gehen? Mehr als ihre anderen Kinder hatte er sie als Rückhalt und guten Nährboden gebraucht. Wenn seine Geschwister in die Disco gingen, blieb er zu Hause, wollte nicht weg von ihr. Die beiden waren ein eingespieltes Paar. Nun hatte sie Angst, er würde nicht von ihrem Schurzbändel loskommen. Das Leben in einem Lehrlingsheim gefiel ihm nicht, denn er hatte große Mühe, sich unter seinen Mitbewohnern zu behaupten. Deshalb verbrachte er jedes Wochenende zu Hause und wich seiner Mutter nicht von der Seite. Das machte ihr Angst: »Ich lebe doch nicht ewig, der muss doch ohne mich auskommen lernen. Was wird denn aus ihm, wenn der sichere Mutterhafen einmal nicht mehr sein wird?« Darüber hinaus fühlte sie sich eingezwängt von diesem großen erwachsenen Kind, das ihre Wochenenden festlegte, die Beziehung zu ihrem Partner in große Turbulenzen brachte.

Für Ulla kam das große Aufatmen, als die Schulzeit ihres Sohnes zu Ende war. Er hatte eine ausgesprochen negative Schullaufbahn hinter sich; die meisten seiner Lehrer hatten ihm ein Ende mit Schrecken angedroht. In der Schule bekam er keinen Fuß auf den Boden, denn was er konnte, wurde dort nicht geschätzt. Er wurde immer nur als schwer zu ertragendes, störendes Ungeheuer angesehen. Seine hohe Sensibilität und oft wirre Kreativität passten nicht durch das Nadelöhr der Schule. Zum Glück ist die Wirklichkeit des Lebens vielgestaltiger, breiter und bunter, bietet neue Möglichkeiten. Er fand einen Job in der Computerbranche und konnte endlich beweisen, was er kann. »Auf solche Erfahrungen hatte ich lange warten müssen. Endlich ist unser Verhältnis zueinander nicht länger durch die Probleme mit der Schule belastet. Endlich gibt es gute Erfahrungen, die wir miteinander teilen können. Das hat sehr positive Rückwirkungen auf mich, denn ich fühlte mich jahrelang als Einzelkämpferin mit diesem schwierigen Kind, von dem jeder Lehrer sagte, es sei aus der Art geschlagen. Irgendwie hatte ich während all der schweren Jahre das Gefühl, sobald der aus der Schule draußen ist, wird das Leben für ihn und mich besser.«

Wie kann ich mich lösen?

Mütter sind bereits bei der Geburt mit Abtrennung konfrontiert. Sie sind auf Grund ihrer genetischen Ausstattung durchaus in der Lage, sich von ihrem Kind immer wieder zu lösen. Gleichzeitig meine ich, die passive Form des Vorgangs sei angemessener: Mütter werden von ihren Kindern abgelöst. Es sind also natürliche Kräfte am Werk, die mit der Mutter und dem Kind etwas machen, das sie voneinander trennt, weil das ihrem weiteren Entwicklungsweg förderlich ist. Es geschieht, weil es unserer menschlichen Natur entspricht. Mir hat im schwierigen Prozess der Ablösung die Einsicht sehr geholfen, dass Ablösung kein ausschließlicher Willensakt ist. Ich bin nicht die allein Verantwortliche, hatte die Fantasie einer unsichtbaren Hebamme, die dafür sorgt, dass Mutter und Kind voneinander lassen können.

Im Gegensatz zur Abnabelung bei der Geburt lässt sich die Abtrennung von erwachsenen Kindern nicht durch einen schnellen Schnitt bewerkstelligen. Schließlich werden Mutter und Kind mit Verlassenheitserfahrungen konfrontiert, die erst allmählich überwachsen werden. Wieder liegt ein weites Feld des Lernens vor der Mutter, die ihr besonderes Kind begleitet, geschützt, gefördert, getröstet und genährt hat. Wie kann sie sich zurückziehen, ohne sich und dem Kind zu schaden? Noch laufen Gedanken und Gefühle im jahrelangen vertrauten Rhythmus; gleichzeitig ist es an der Zeit, sich ins Neuland eines Lebens ohne das Kind zu wagen.

Angst meldet sich, Verlassenheitsangst. Sie deckt den Mangel auf, mit dem es nun zu leben gilt. Erst wenn das Sorgenkind aus dem Haus ist, wird spürbar, dass mit ihm auch die Zuneigung und Liebe geht. Doch die Selbstständigkeit der jungen Erwachsenen kann nur wachsen, wenn sich der Einfluss der Mutter verringert. Auf einmal meldet sich eine nörgelnde Mutterstimme, die meint, den Fähigkeiten der Tochter oder des Sohnes sei nicht zu trauen. Das schaffen die nie! Eine machtloser werdende Mutter sucht nach Kontrollmöglichkeiten. Fremd und verlassen kann sie sich vorkommen, hat mit der neuen Bedeutungslosigkeit zu kämpfen, fühlt sich wie in der Abstellkammer, hängt sich ans Telefon, braucht Zeit, die Nabelschnur zu durchschneiden. Ich kann doch das Kind noch nicht alleine lassen. Es kann doch nicht so einfach weggehen!

Warum fällt die Ablösung in dieser besonderen Beziehung so schwer? Vielleicht deshalb, weil in dieser Übergangszeit die alte Angst sich erneut und vehement zurückmeldet, die einmal sagte, das Kind sei nicht in Ordnung, es genüge den Anforderungen nicht. Abnabelung ist wie eine zweite Geburt. Gefühle aus dieser Zeit werden neu belebt. Eigentlich sind sie ja durch den Lebensweg des erwachsenen jungen Menschen widerlegt. Doch die Angst bringt sie wieder ins Bewusstsein, zwingt die Mutter, sich diesen Teil ihrer Geschichte mit dem ehemals auffälligen Kind erneut anzuschauen. Dadurch verändert sich ihre innere Einstellung zu dieser Phase ihres Lebens.

Irgendwann ist der Punkt erreicht, an dem die Mutter ihre zentrale Stellung aufgeben kann, weil um das größer gewordene Kind neue Strukturen gewachsen sind. Ohne Rückschläge geht das nicht, denn die gehören zu diesem Geschehen. Endlich hat sich die Dynamik der Wechselbeziehung zwischen Mutter und besonderem Kind verändert. Endlich hat die Mutter die Last ablegen können und geht freier und unbeschwerter durchs Leben. Die schwierigen Erfahrungen rücken in den Hintergrund, neue Lebensbereiche öffnen sich. Wenn es auch einige gibt, die den

Schritt in die Selbständigkeit nicht schaffen – ein Großteil der nun erwachsenen Kinder geht seinen Weg.

Bei mir setzte sich schließlich ein revolutionärer Gedanke fest: Dieses Kind hat sich dich als Mutter ausgesucht. Es wollte dich als Mutter. Das war eine neue Stimme in mir; sie klang sehr fremd und esoterisch, war aber nicht zu überhören. Neue Denkmöglichkeiten ergaben sich, die sich verändernd auf die Art und Weise auswirkten, wie ich mein Leben mit einem so besonderen Kind bewertete. Auf einmal waren meine Gedanken darauf gerichtet zu erkennen, was dieses Kind alles bei mir an Veränderung ausgelöst hatte, wo es mich herausgefordert hatte, mein ehemaliges Denken und Fühlen zu erweitern. Die mich umtreibende Frage hieß: Was hat dieses Kind in dir angestoßen? Vieles, von dem bereits die Rede war. Aber das Wichtigste scheint mir das Vertrauen und die Zuversicht zu sein, die in den Jahren mit diesem Kind in mir gewachsen sind. Ist das nicht ein Widerspruch, ausgerechnet im Umgang mit einem benachteiligten Kind Vertrauen zu lernen? Nein, denn gerade weil Entwicklungsverläufe nicht vorhersehbar sind, werden Fortschritte des sich auf seine eigene Art entwickelnden Kindes als besonders positiv erlebt. Dadurch nimmt das Vertrauen ins Leben zu. Durch mein Kind war ich gezwungen, die Grenzen meiner Persönlichkeit stetig zu erweitern. Das war nicht leicht, aber über die Jahre tragen die überwundenen Schwierigkeiten Früchte.

Die Art und Weise, wie ich über die intensiven Jahre mit meiner Tochter denke, erhält in der letzten Zeit neue Anregungen, denn die wachsende Zahl auffälliger Kinder beunruhigt die Öffentlichkeit. Ratlosigkeit herrscht, und es ist sicherlich wichtig, dass Lehrer, Eltern, Ärzte, Erzieher, Therapeuten sich diese auch eingestehen, denn auffällige Kinder bringen bisheriges Denken in Bewegung. Auf einmal taucht die Frage auf, ob dieses Phänomen der schwierigen Kinder nicht auch eine Botschaft an die Gesellschaft enthalte. Das hieße dann nichts anderes als anerkennen, dass auch diese Kinder, so wie alle anderen auch, wichtige Impulse in die Welt mitbringen.

Aber *welche* Impulse bringen diese Kinder mit, die von manchen Autoren aus esoterischen Kreisen zu den Kindern einer neuen Zeit gekürt werden? Sie erhalten auch gleich einen neuen Namen, heißen nun »Indigokinder«. Klingt das nicht nach etwas ganz Besonderem?

Ich begrüße die zunehmende Diskussion, wenn sie versucht, die Auffälligkeiten der Kinder nicht ausschließlich unter dem Blick des Mangels zu sehen. Standen bisher die Defizite im Vordergrund und die Maßnahmen, diese Einbußen auszugleichen, so schlägt vielleicht das Pendel nun in eine andere Richtung aus, weil die ungewohnten und problematischen Persönlichkeitsmerkmale akzeptiert werden, auch wenn sie für unsere Gesellschaft nicht leicht zu bewältigen sind.

Ein weites Feld tut sich auf und ich wünsche mir, dass immer mehr Mütter den Mut finden, über sich und ihr Kind in der Öffentlichkeit zu sprechen. Diese Mütter stehen auf dem Boden ihrer Erfahrungen und ihre Argumente schützen die zunehmende Diskussion vor einseitigen, überhöhten Standpunkten den Kindern gegenüber.

Anhang

Adressen

Eine Vielzahl von Beratungsstellen, Vereinen, Selbsthilfegruppen und anderen Organisationen bietet Eltern von auffälligen Kindern Information und Unterstützung. Davon sind viele regional organisiert. Im Telefonbuch finden sie sich unter Stichworten wie

- Beratungsstelle
- Elternberatung
- Elterninitiative
- Erziehungsberatung
- Förderschule
- Kinder
- Kinder- und Jugendhilfe
- Psychologische Beratungsstelle
- Zentrum für Diagnostik und Früherkennung

Auch das Internet kann auf der Suche nach Adressen und Informationen wertvolle Hilfe leisten. Die folgende Liste ist nur eine kleine Auswahl an möglichen Anlaufstellen.

www.selbsthilfe-forum.de

Unter dem Stichwort »Kinder« bzw. »Gesundheit« finden sich Adressen und Ansprechpartner von Selbsthilfegruppen und -organisationen zu Themen wie ADS, Entwicklungsstörungen, Down-Syndrom, Kleinwuchs u.v.m.

http://www.bke.de/eb.htm

Auf der Website des Fachverbandes für Erziehungs-, Familien- und Jugendberatung (Bundeskonferenz für Erziehungsberatung) findet sich ein ausführliches Verzeichnis von Erziehungs- und Familienberatungsstellen, alphabetisch nach Städten geordnet. Es besteht auch die Möglichkeit einer E-Mail-Beratung.

www.efkj.de

Der Verein für Entwicklungsförderung im Kindes- und Jugendalter e.V. bietet Information und Veranstaltungen.

www.kindernetzwerk.de

Hier finden sich Adressen, Informationen und eine Datenbank für Eltern von Kindern und Jugendlichen mit chronischen Erkrankungen, Entwicklungsverzögerungen und Behinderungen.

Da ich mich über Reaktionen meiner LeserInnen auf mein Buch freue, hier meine Adresse:

Urachstraße 11
79102 Freiburg
Homepage: www.ennulat-gertrud.de
E-Mail: @ennulat-gertrud.de

Danksagungen

An dieser Stelle sage ich all jenen Müttern und Vätern Dank, die mich an den Erfahrungen mit ihrem Problemkind haben teilnehmen lassen. Während ich die Idee zu diesem Buch mit mir herumtrug, gab es immer wieder Zeiten, in denen ich auf Nachfragen und Ermutigungen von außen angewiesen war. Eine wichtige Gesprächspartnerin war meine Schwester, der ich für ihre kritischen und informativen Anregungen danke. Dank sage ich auch meinem Mann für seine unermüdliche Unterstützung nicht nur am Computer. Dank sage ich den Lektorinnen vom Kösel-Verlag, die mit mir den Rahmen des Buches festgelegt haben.

Am meisten aber danke ich meiner Tochter mit ihren vier Söhnen und meinem Sohn für die Liebe und große Bereicherung, die sie in mein Leben gebracht haben.

Literatur

Bank, Stephen/Kahn, Michael: *Geschwisterbindung.* München 1994

Bölling-Bechinger, Hiltrud: *Frühförderung und Autonomieentwicklung.* Heidelberg 1998

Ennulat, Gertrud: *Ängste im Kindergarten. Ein Praxisbuch für Erzieherinnen und Eltern.* München 2001

Ennulat, Gertrud: *Ich will dir meinen Traum erzählen. Mit Kindern über Träume sprechen.* Krummwisch 2001

Högl, Barbara: *Störfälle? Die viel zu unaufmerksamen Kinder.* München 2001

Jacoby, Mario: *Grundformen seelischer Austauschprozesse.* Zürich/ Düsseldorf 1998

Jacoby, Mario: *Scham-Angst und Selbstwertgefühl.* Solothurn/Düsseldorf 1993

Stern, Daniel/Bruschweiler-Stern, Nadia/Freeland, Alison: *Geburt einer Mutter.* München 2000

Wurmser, Leon: Die Maske der Scham. Berlin 1998

Verhaltensauffälligkeiten als »sinnvolle« Überlebensstrategie

Christine Kaniak-Urban
JEDES KIND HAT SEINE STÄRKEN
Typgerecht erziehen, seelische
Nöte erkennen, Kompetenzen
fördern
200 Seiten mit Fotos und
Zeichnungen, kartoniert
ISBN 3-466-30483-0

Kinder reagieren in verschiedenen
Situationen unterschiedlich und
entwickeln ihren eigenen Lebens-
stil – je nach Typ.
Mit vielen anschaulichen
Beispielen zeigt Christine Kaniak-
Urban, welche besonderen
Angebote sie zum Lernen und
zur Krisenbewältigung brauchen,
um ihr seelisches Immunsystem
stärken zu können.

Einfach lebendig.
LEBEN MIT KINDERN

Kösel-Verlag, München, e-mail: info@koesel.de
Besuchen Sie uns im Internet: www.koesel.de